高等学校教学改革融合创

"互联网＋" 新形

投资学

卢金霖 毛素 主编

北京工业大学出版社

图书在版编目（CIP）数据

证券投资 / 应海芬，卢晶莹，毛茉主编 . -- 北京：
北京工业大学出版社，2021.7

　　ISBN 978-7-5639-8063-5

　　Ⅰ . ①证… 　Ⅱ . ①应… ②卢… ③毛… 　Ⅲ . ①证券投
资 - 高等职业教育 - 教材 　Ⅳ . ① F830.91

中国版本图书馆 CIP 数据核字（2021）第 134853 号

证券投资

ZHENGQUAN TOUZI

主　　编：应海芬　卢晶莹　毛　茉
责任编辑：钱子亮
封面设计：冀贵收
出版发行：北京工业大学出版社
　　　　　（北京市朝阳区平乐园 100 号　　邮编：100124）
　　　　　010-67391722（传真）　　　bgdcbs@sina.com
经销单位：全国各地新华书店
承印单位：北京众意鑫成科技有限公司
开　　本：787 毫米 ×1092 毫米　1/16
印　　张：14.75
字　　数：297 千字
版　　次：2021 年 7 月第 1 版
印　　次：2021 年 7 月第 1 次印刷
标准书号：ISBN 978-7-5639-8063-5
定　　价：49.80 元

编委会

前　言

本书为校企合作、产教融合的成果，注重高职学生技术技能的培养，精心整合课程内容结构，合理安排项目、任务、实训点，注重实训教学，突出学生对证券公司客户经理岗位、投资顾问岗位所需的实际操作能力、分析与解决问题能力的培养。本书的编写突出了项目、任务与实训的结合，以丰富的案例为素材，让学生在做中学，在学中做，力求将学生培养为符合证券行业需求的高素质技术技能人才。

本书的特色主要体现在：

（1）丰富的实训练习。强化学生的实践操作能力，增加课堂互动。

（2）真实的案例解析。在理论学习的基础上，通过案例的学习，使学生对证券投资的分析方法有一个更加具象的理解，并且能够将这一方法迁移到对其他证券品种的分析中。

（3）逻辑清晰化。本书运用较多的图表和配套的素材来解析知识点，便于学生理解与掌握。

本书的内容包括知识篇与实训篇，采用理实一体化的教学模式。知识篇安排了证券市场的基础知识、证券交易、证券投资基本面分析、证券投资技术分析、投资策略等共计 5 个项目 18 个模块的内容。实训篇安排了 16 个实训项目，涵盖了知识篇所介绍的项目与模块内容。

本书的编写得到了招商证券、方正证券等证券业界同仁的帮助与支持，在此表示衷心的感谢。另外，我们在编写过程中参阅了许多书籍与教材，引用了相关资料，在此表示诚挚的谢意。

　　限于作者水平，书中难免存在疏漏与不足之处，敬请广大读者批评指正。

编者

2021 年 6 月

目 录

第一篇　证券投资知识篇

项目一 证券基本认知

学习目标 ›

◆ 理解证券与证券投资的内涵。
◆ 了解证券发行市场与交易市场。
◆ 了解证券中介机构的种类。
◆ 掌握证券投资品种的分类。

关键词：证券投资、发行与交易、中介机构、投资品种

思维导图 ›

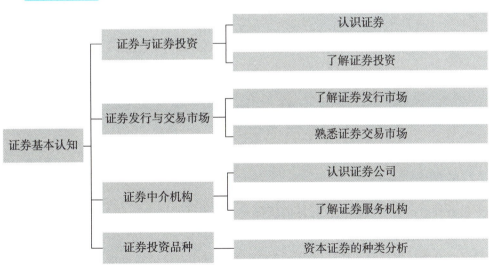

证券投资
ZHENGQUAN TOUZI

案例导读

参加大学生证券投资比赛

小何同学准备参加今年的大学生证券投资比赛，许多同学也跃跃欲试，但是他们平时没有了解过证券，没有学过这方面的知识，对证券投资一窍不通，于是他们就去咨询来自证券公司的陈老师。陈老师针对证券的概念、证券的品种、证券的特征、证券投资技巧等进行了解释，同学们听了之后，感觉入了门，觉得参加这个比赛能提升自己对证券投资的认知与操作能力，能够培养自己的投资理念。

接下来，小何准备积极参赛，因为他心里有个小目标——争取总收益率达到10%以上的成绩。为了达到自己的小目标，他制定了简单的计划：首先花三四天的时间对行情软件的操作进行熟悉，对股票所属的行业与概念进行学习与了解，学会挑股票；再在明确交易原则的前提下，多做模拟操作；关注股市的动向，记录有投资价值的股票；最后，多看看网络大咖的评论，吸取其中的精华。

模块一 证券与证券投资

工作任务一 认识证券

一、证券的概念

证券是各种财产所有权或债权凭证的统称，是用来证明证券持有人享有的某种特定权益的法律凭证。

什么是证券

证券可以分为证据证券、凭证证券、有价证券。其中有价证券是指具有票面金额，证明持券人有权按期取得一定收入，并可自由转让和买卖的所有权或债权凭证。广义的有价证券可分为商品证券、货币证券、资本证券。狭义的有价证券即为资本证券。

（一）商品证券

商品证券是指证明持有人拥有商品所有权或使用权的凭证，这种凭证表示一种物权，包括提货单、仓库栈单、运货单等。

（二）货币证券

货币证券是指本身能使证券持有人或第三者取得货币索取权的有价证券。它分为商业证券、银行证券，包括商业汇票、商业本票、银行汇票、银行本票、支票等。

（三）资本证券

资本证券是指由金融投资或与金融投资有直接联系的活动而产生的证券，分为股权凭证和债权凭证。它是有价证券的主要形式，包括股票、债券、基金、金融衍生品等。

想一想：你曾接触过何种证券？

二、有价证券的特征

有价证券一般具有收益性、流动性、风险性、期限性等特征。

（一）收益性

证券的收益性是指持有证券可以获得一定数额的收益，这是投资者转让资本所有权或使用权的回报。收益具体表现为证券买卖差价、利息收入、红利收入。

（二）风险性

风险与收益一般成正比，风险性指的是证券收益的不确定性。它是指因存在不确定的因素而使证券的收益不能实现或不能完全实现，导致实际收益与预期收益产生背离。投资者选择风险较大的有价证券，对证券的收益也会有较高的预期。

（三）流动性

流动性即变现性，是指证券持有者根据自己意愿在市场上转让证券，获取现金的特性。某有价证券如果能在相对较短的时间内转换为事先确定金额的现金，则该有价证券的流动性较强。

（四）期限性

期限性是指有价证券在市场上有存续的期限。债券一般有明确的还本付息期限，以满足投资者对融资期限与收益率的不同需求。股票没有到期日，具有不可偿还性，可以视为无期证券。

想一想：风险高的证券，收益一定会高吗？

证券投资
ZHENGQUAN TOUZI

一、证券投资的含义

证券投资是指投资者购买股票、债券、基金等有价证券或其衍生品，以获取红利、利息及资本利得的投资行为和投资过程，是直接投资的重要形式。

二、证券投资的功能

（一）资本积聚功能

利用债券、股票等证券商品可将闲散资金集聚成巨额的资本，用于促进产业发展和企业技术进步。证券筹集的资金使用期限长，筹资成本低，同时有利于降低筹资风险。

（二）资本配置功能

证券投资可以获取比银行存款利息更高的投资回报，同等安全的条件下，投资者愿意购买回报高、变现快的政府债券、高效率企业或朝阳产业公司发行的股票。投资者的偏好引导社会资金的流向，利用证券市场的变化及利益的驱动，使资金配置符合不同时间长短的需求。

三、证券投资的原则

（一）收益与风险最佳组合原则

证券投资的原则

在证券投资中，收益与风险成正比，高收益伴随着高风险。解决这一矛盾的办法是：在已定的风险条件下，尽可能使投资收益最优化；在已定的收益条件下，尽可能使风险减小到最低限度。它要求投资者首先必须明确自己的目标，尽力保护本金，增加收益，减少损失。

（二）分散投资原则

证券投资是风险投资，它可能给投资者带来很高的收益，也可能使投资者遭受巨大的损失。为了尽量地减少风险，必须进行分散投资。分散投资可以从两个方面着手：一是对多种证券进行投资。这样，即使其中的一种或几种证券得不到收益，而其他的证券收益好，也可以得到补偿，不至于血本无归。二是在进行多种证券投资时，应把握投资方向，将资金分为进攻性和防御性两部分进行投资。

（三）理智投资原则

证券市场由于受到各方面因素的影响，行情不断变化，无法准确预测。投资者在进行投资时，应该冷静而慎重，善于控制自己的情绪，不要过多地受各种传言的影响，对各种证券加以细心比较，最后才决定投资的对象。否则，在情绪冲动时投资的失败概率大。有的投资者如果看到自己关注的股票价格略有上涨，就怕买不到这种股票便迅速买入，最后很可能会被套牢。有时大家都对股市很有信心，人人都谈股市，人人都参与投资，很可能股市即将暴跌；而在股市萎靡不振，很多人都对股市失去信心的时候，可能股市的回暖即将到来。因此，投资者应该随时保持清醒的头脑，不要随波逐流。

（四）责任自负原则

证券投资盈亏自负，因此，在进行投资选择时，不能完全依赖他人，要有自己的主见与判断。把投资成功归于自己的判断，而把投资失败归于他人是不合理的。证券投资的成败完全在于投资者自己，必须要明确认识到这一点。对自己在投资中的不当决策与操作进行分析与不断修正，才有利于获利的实现。

（五）剩余资金投资原则

证券投资的资金来源可以分为自有资金和借入资金。对于个人投资者来说，采用借入资金投资证券是不可取的，应当用自有资金中的剩余资金进行投资。证券投资具有风险，若把全部资金都投入证券，一旦发生亏损，就会影响正常生活。投资者应当在考虑风险承受能力的基础上，决定是否进行证券投资及投资资金比例。

想一想：如果你要进行证券投资，你首先会考虑的是哪个投资原则？

模块二 证券发行与交易市场

工作任务一 了解证券发行市场

一、证券市场

证券市场是证券发行和交易的场所。从广义上讲，证券市场是指一切以证券为对象的交易关系的总和。从经济学的角度，可以将证券市场定义为：通过自由竞争的方式，根据供需关系来决定有价证券价格的一种交易机制。在发达的市场经济中，证券市场是完整的市场体系的重要组成部分，它不仅反映和调节货币资金的运动，而且对整个经济的运行具有重要影响。证券市场的结构有两种：纵向结构关系和横向结构关系。按证券进入市场的顺序而形成的结构关系可分为发行市场和交易市场，即纵向结构关系。按有价证券的品种而形成的结构关系分类，主要有股票市场、债券市场、基金市场以及衍生证券市场等子市场，并且各个子市场之间是相互联系的，构成横向结构关系。

二、证券发行市场的含义与特点

证券发行是证券发行人将某种证券首次出售给投资者的行为，属于第一次交易，故证券发行市场也称为"一级市场"或"初级市场"。证券发行市场实际上包括各个经济主体和政府部门筹划发行证券、证券承销商承销证券、认购人购买证券的全过程。证券发行市场使股票、债券等证券数量和种类不断增加，把众多的社会闲散资金集聚起来转变成资本，集中体现了证券市场筹集资金的功能。证券发行市场具有证券创设功能，任何权利凭证若要进入证券市场并实现流通，必须首先取得合法的证券形式，证券发行是使证券得以转让和流通的前提。证券发行市场上的发行对象，可以是从未发行过证券的发行人创设的证券，也可以是证券发行人在前次发行后增加发行的新证券，还可以是因证券拆细或合并等行为而发行的证券。我国目前最常见的是企业通过股份制改造并发行新股票，或上市公司为了增加股本，以配股、增发、定向增发等方式发行的新股票。上述情况都具有创设新证券的性质，属于证券发行活动。

证券发行人必然是证券发行市场的主体，创设证券在本质上是证券发行人向投资者募集资金的筹资行为，证券发行往往要借助专业机构或人员参与才能完成，但它必然是在证券发行人主持下完成的。而且，首次出售所创设证券属于交易行为，必然是以证券发行人为一方当事人，认购人或其他投资者为另外一方当事人。鉴于证券发行市场参与者的特殊结构，其市场功能的核心是协调证券发行人与证券投资者之间的关系。

证券发行市场主要是无形市场，通常不存在具体形式的固定场所，也无通常的专业设备和设施。证券发行人可以直接向公众投资者或特定范围的投资者发售证券以募集资金，也可以通过中介机构向社会投资者或特定范围的证券认购人募集资金。国外证券发行市场的存在形态非常复杂。证券发行人在各中介机构的协助下，首先要进行证券发行准备工作；发行准备工作初步完成后，证券承销商会向潜在投资者提供招募文件，采取路演等方式宣传所发行证券；投资者填制认购文件并交付证券承销商后，承销商会根据证券认购情况与证券发行人商定包销数量及发行价格，并从证券发行人处领取应向投资者交付的证券。上述行为可以在许多地方陆续进行，且无固定场所和法定设施。我国证券的公开发行多借助证券交易所的交易网络，故证券发行准备工作虽然与国外做法相似，但交付证券主要通过证券交易所进行。

证券发行是直接融资的实现形式。证券发行市场的功能就是联结资金需求者和资金供给者，证券发行人通过销售证券向社会招募资金，而认购人通过购买其发行的证券提供资金，将社会闲散资金转化为生产建设资金，实现直接融资的目标。

证券发行市场的证券具有不可逆转性，在证券发行市场上，证券只能由发行人流向认购人，资金只能由认购人流向发行人，而不能相反，这是证券发行市场与证券交易市场的1个重要区别。

> **想一想**：证券发行市场与交易市场上的投资者在哪些方面有区别？

三、证券发行制度

证券发行制度主要有三种，即审批制、核准制和注册制，每一种发行制度都对应一定的市场发展状况。在市场逐渐发育成熟的过程中，股票发行制度也应该逐渐地改变，以适应市场发展需求。其中审批制是完全计划发行的模式，核准制是从审批制向注册制过渡的中间形式，注册制则是目前成熟股票市场普遍采用的发行制度。我国 2020 年 3 月 1 日起施行的新《证券法》，全面推行证券发行注册制度，推动形成了从科创板到创业板、再到全市场的"三步走"注册制改革布局。

审批制是一国在股票市场的发展初期，为了维护上市公司的稳定和平衡复杂的社会经济关系，采用行政和计划的办法分配股票发行的指标和额度，由地方政府或行业主管部门根据指标推荐企业发行股票的一种发行制度。公司发行股票的首要条件是取得指标和额度，也就是说，如果取得了政府给予的指标和额度，就等于取得了政府的保荐，股票发行过程就会比较顺利。因此，审批制下公司发行股票的竞争焦点主要是争夺股票发行指标和额度。证券监管部门凭借行政权力行使实质性审批职能，证券中介机构的主要职能是进行技术指导。

核准制则是介于注册制和审批制之间的中间形式。它一方面取消了政府的指标和额度管理，并引进证券中介机构的责任，判断企业是否达到股票发行的条件；另一方面证券监管机构同时对股票发行的合规性和适销性条件进行实质性审查，并有权否决股票发行的申请。在核准制下，发行人在申请发行股票时，不仅要充分公开企业的真实情况，而且必须符合有关法律和证券监管机构规定的必要条件，证券监管机构有权否决不符合规定条件的股票的发行申请。证券监管机构对申报文件的真实性、准确性、完整性和及时性进行审查，还对发行人的营业性质、财力、素质、发展前景、发行数量和发行价格等条件进行实质性审查，并据此做出发行人是否符合发行条件的价值判断和是否核准申请的决定。

注册制是市场化程度较高的成熟股票市场所普遍采用的一种发行制度。证券监管部门公布股票发行的必要条件，达到所公布条件要求的企业即可发行股票。发行人申请发行股票时，必须依法将公开的各种资料完全准确地向证券监管机构申报。证券监管机构的职责是对申报文件的真实性、准确性、完整性和及时性做合规性的形式审查，而发行人的质量由交易所和证券中介机构来判断和决定。这种股票发行制度对发行人、证券交易所、证券中介机构和投资者的要求都比较高。

想一想：我国目前的股票发行制度是哪种呢？

四、股票发行的种类

（一）公开发行与非公开发行

股票发行案例解读

公开发行股票的情形包括：发行人向不特定对象发行股票；向特定对象发行股票累计超过 200 人，但不包括依法实施员工持股计划的员工人数；法律、行政法规规定的其他发行行为。公开发行的好处是，发行数量大，筹集资金潜力大，投资范围大，有利于股东队伍的扩大和产权的分散化，可增强股票的流动性，同时提升发行人的社会信誉。它的缺点是发行条件严格，发行费用高。非公开发行股票，也被称为定向增发，是股份公司向特定对象发行股票的增资方式。

（二）直接发行与间接发行

直接发行是指股份有限公司自己承担发行股票的责任和风险，而股票发行的代办者及股票的经销商只收取一定的手续费，而不承担股票发行的风险。间接发行是指股份有限公司把股票委托给股票承销商等金融机构发行，而股份有限公司不负担风险。

（三）增资发行

增资发行是指已发行股票的股份有限公司，在经过一定的时期后，为了扩充股本而发行新股票。增资发行分有偿增资和无偿增资。

有偿增资可分为配股和按一定价格向社会增发新股票。配股又分为向股东配股和向第三者配股。向股东配股是指股份有限公司增发股票时对老股东按一定比例分配公司新股票的认购权，准许其按照一定的配股价格优先认购新股票。向第三者配股是指公司向股东以外的公司职工、公司往来客户和银行及有友好关系的特定人员发售新股票。由于发售新股票的价格低于老股票的市场价格，第三者往往可以获得较大的利益。按一定价格向社会增发新股票的目的是为了增加公司的资本金，增发股票面向社会，无特定对象。增发股票的价格往往高于面值溢价发行。增发股票要维护老股东的权益，一般在溢价发行时，要给老股东以优先认购权和价格优惠权。

无偿增资就是所谓的送股。无偿增资可分为积累转增资和红利转增资。积累转增资是指将法定盈余公积金或资本公积金转为资本送股。按比例赠给老股东红利转增资是指公司将当年分派给股东的红利转为增资，采用新发行股票的方式代替准备派发的股息和红利送给股东，就是所谓的送红股。

（四）平价发行、折价发行与溢价发行

平价发行也叫等价发行或面值发行，是指按股票面值所确定的价格发行股票。我国上海和深圳证券交易所流通的股票的面值均为每股一元，也有少数例外，比如紫金矿业的股票面值为 0.1 元 / 股，洛阳钼业的股票面值为 0.2 元 / 股。

折价发行是指以低于股票面值的发行价格发行股票。我国《公司法》明确规定，股票发行时，不能采取折价发行的方式。

溢价发行指用高于股票面值的价格发行股票。《公司法》规定，以超过股票面值为股票发行价格的，须经国务院股票管理部门批准，以超过股票面值发行股票所得溢价款列入公司资本公积金。

五、我国股票上市的步骤及程序

（一）改制与设立股份有限公司

企业确定上市计划或拟定改制方案，聘请中介机构对方案进行可行性论证。我国的法律法规规定发行人为依法设立且持续经营时间在 3 年以上的股份有限公司，但经国务院批准的除外。有限责任公司按原账面价值折股整体变更为股份有限公司的，持续经营时间可以从有限责任公司成立之日起算。

（二）尽职调查与辅导

保荐机构和其他中介机构对公司进行尽职调查、问题诊断、专业培训和业务指导，主要是聘请有证券从业资格的会计师事务所、律师事务所和有主承销商资格的证券公司。会计师事务所负责出具审计报告，律师事务所负责出具法律意见书，证券公司负责对拟上市企业发行股票的辅导和推荐工作。拟上市企业须向当地证监局申报辅导备案，对照发行上市条件对存在的问题进行整改，准备发行的申请文件。经辅导机构申请，当地证监局对拟上市公司的改制、运行情况及辅导内容、辅导效果进行评估和调查，并验收。

（三）申请文件的制作

企业和所聘请的中介机构按证监会、证券交易所的要求制作申请文件，包括：

（1）辅导机构及辅导人员的资格证明文件（复印件）；

（2）辅导协议；

（3）辅导计划；

（4）拟上市公司基本情况资料表；

（5）最近两年经审计的财务报告（资产负债表、损益表、现金流量表等）。

（四）报送申请股票发行文件

拟上市公司和所聘请的证券中介机构，按照中国证监会制定的《公司公开发行股票申请文件标准格式》制作申请文件，保荐机构进行内核，根据上市的板块不同，向中国证监会或证券交易所申报。

（五）初审

对于拟在主板上市的股票，中国证监会对申请文件进行初审，符合申报条件的，在5个工作日内受理申请文件。对于拟在科创板、创业板上市的股票，证券交易所对申请文件进行核对，符合申报条件及要求的，在5个工作日内受理。

证监会向保荐机构反馈意见，保荐机构组织发行人和中介机构对相关问题进行回复。证监会根据反馈回复继续审核，预披露申请文件，召开初审会。

证券交易所受理后20个工作日内，通过问询的方式向保荐机构反馈意见，保荐机构组织发行人和中介机构对审核意见进行回复，交易所根据回复情况，可进行多轮问询。

（六）发行审核委员会或证券交易所审核

证监会发审委召开会议对申请文件和初审报告进行审核，对发行人上市申请做出决议；依据发审委审核意见，证监会对发行人申请做出决定。予以核准的，出具核准公开发行的文件。不予核准的，出具书面意见，说明不予核准的理由。

证券交易所如无须进一步问询，交易所出具审核报告；创业板审核注册流程时限为3个月，回复问询流程时限为3个月。证券交易所发布上市委会议通知，组织上市委会议，上市委审议发行人是否符合创业板的发行条件、上市条件、信息披露要求；如符合创业板的发行条件、上市条件、信息披露要求，证券交易所向证监会提交注册申请，证监会接受注册申请后20个工作日内反馈注册结果。

（七）路演、询价与定价

发行人在证券交易所网站及符合证监会规定的媒体全文披露招股说明书及发行公告等信息；主承销商与发行人组织路演，向投资者推介；主承销商与发行人通过直接定价或询价定价的方式确定发行价格。

（八）股票发行与上市

创业板和科创板上市公司向证券交易所提交发行与承销方案备案材料；根据证监会规定的发行方式公开发行股票或根据发行方案备案的发行方式公开发行股票；在登记结算公司办理股份的托管与登记；挂牌上市。

工作任务二 熟悉证券交易市场

证券交易市场也称二级市场、次级市场，是指对已经发行的证券进行买卖、转让和流通的市场。在二级市场上销售证券的收入属于出售证券的投资者，而不属于发行该证券的公司。

证券交易场所包括场内交易市场和场外交易市场两种形式。场内交易市场是指在证券交易所内进行证券买卖活动，这是证券交易场所的规范组织形式；场外交易市场是在证券交易所之外进行证券买卖活动，它包括柜台交易市场（又称店头交易市场）、第三市场、第四市场等形式。

2003年，中央提出建立多层次资本市场体系，经过十多年的发展与健全，我国逐渐建立起包含沪深证券交易所的主板市场、科创板市场、深圳证券交易所的创业板市场、全国中小企业股份转让系统（新三板）在内的场内市场，及包含区域股权交易市场、券商柜台市场、机构间私募产品报价与服务系统、私募基金市场在内的场外市场等共同组成的多层次资本市场体系。

一、场内交易市场

场内交易市场指由证券交易所组织的集中交易市场，有固定的交易场所和交易活动时间，在多数国家它还是全国唯一的证券交易场所，因此是全国最重要、最集中的证券交易市场。证券交易所接受和办理符合有关法令规定的证券上市买卖，投资者则通过证券商在证券交易所进行证券买卖。场内交易市场的功能体现在提供了证券交易所、形成与公告价格、集中各类社会资金参与投资，并且能够引导投资的合理流向。

场内交易市场的特点为：

（1）集中交易。场内交易市场集中在一个固定的地点（证券交易所），所有的买卖双方必须在证券交易所的管理之下进行证券买卖。

（2）公开竞价。场内交易市场证券的买卖是通过公开竞价的方式形成的，即多个买者对多个卖者以拍卖的方式进行讨价还价。

（3）经纪制度。在场内交易市场买卖证券活动必须通过专业的经纪人。

（4）市场监管严密。在场内交易过程中，证券监督部门及证券交易所对证券交易各种活动监管严密，以保证场内交易市场高效有序运行。

二、场外交易市场

场外交易市场又称柜台交易市场或店头交易市场，指在交易所外由证券买卖双方当面议价成交的市场，它没有固定的场所，其交易主要利用通信手段进行，交易的证券以不在交易所上市的证券为主，在某些情况下也对在证券交易所上市的证券进行场外交易。场外交易市场中的证券商兼具证券自营商和代理商的双重身份。作为自营商，可以把自己持有的证券卖给顾客或者买进顾客的证券，赚取买卖价差；作为代理商，又可以客户代理人的身份向别的自营商买进卖出证券。

近年来，国外一些场外交易市场发生很大变化，它们大量采用先进的电子化交易技术，使市场覆盖面更加广阔，市场效率有很大提高。国外各种场外交易市场有一个共同特点，就是它们都是在国家法律限定的框架内，由成熟的投资者参与，接受政府管理机构的监管。目前我国的证券市场还处于发展初期，法律法规不健全，监管力量和监管经验不足，缺乏成熟的理性投资者，应该首先办好证券交易所市场，而不能盲目发展其他非交易所市场，以免引发市场风险。

模块三　证券中介机构

工作任务一　认识证券公司

证券公司是指依法设立可经营证券业务的、具有法人资格的金融机构。证券公司的主要业务有承销、经纪、自营、投资咨询、购并、受托资产管理、基金管理等。证券公司一般分为综合类证券公司和经纪类证券公司。

我国证券公司的业务范围包括：证券经纪，证券投资咨询，与证券交易、证券投资活动有关的财务顾问，证券承销与保荐，证券自营，证券资产管理及其他证券业务。《中华人民共和国证券法》规定，经国务院证券监督管理机构批准，证券公司可以为客户买卖证券提供融资融券服务及其他业务。

想一想：证券经纪业务与自营业务有什么区别？

一、证券经纪业务

证券经纪业务又称代理买卖证券业务，是指证券公司接受客户委托代客户买卖有价证券的业务。在证券经纪业务中，证券公司只收取一定比例的佣金作为业务收入。证券经纪业务分为柜台代理买卖证券业务和通过证券交易所代理买卖证券业务。目前，我国证券公司从事的经纪业务以通过证券交易所代理买卖证券业务为主。证券公司的柜台代理买卖证券业务主要为在代办股份转让系统进行交易的证券的代理买卖。

在证券经纪业务中，经纪委托关系的建立表现为开户和委托两个环节。

经纪关系的建立只是确立了投资者和证券公司直接的代理关系，还没有形成实质上的委托关系。当投资者办理了具体的委托手续，即投资者填写了委托单或自助委托及证券公司受理了委托，两者就建立了受法律保护和约束的委托关系。

二、证券投资咨询业务

证券投资咨询业务是指从事证券投资咨询业务的机构及其咨询人员为证券投资人或者客户提供证券投资分析、预测或者建议等直接或者间接有偿咨询服务的活动。

证券投资顾问业务是指证券公司、证券投资咨询机构接受客户委托，按照约定，向客户提供涉及证券及证券相关产品的投资建议服务，辅助客户做出投资决策，并直接或者间接获取经济利益的经营活动。投资建议服务内容包括投资的品种选择、投资组合及理财规划建议等。

发布证券研究报告是指证券公司、证券投资咨询机构对证券及证券相关产品的价值、市场走势或者相关影响因素进行分析，形成证券估值、投资评级等投资分析意见，制作证券研究报告，并向客户发布的行为。证券研究报告主要包括涉及证券及证券相关产品的价值分析报告、行业研究报告、投资策略报告等。证券研究报告可以采用书面或者电子文件形式。

三、与证券交易、证券投资活动有关的财务顾问业务

财务顾问业务是指与证券交易、证券投资活动有关的咨询、建议、策划业务。它具体包括：为企业申请证券发行和上市提供改制改组、资产重组、前期辅导等方面的咨询服务；为上市公司重大投资、收购兼并、关联交易等业务提供咨询服务；为法人、自然人及其他组织收购上市公司及相关的资产重组、债务重组等提供咨询服务；为上市公司完善法人治理结构、设计经理层股票期权、职工持股计划、投资者关系管理等提供咨询服务；为上市公司再融资、资产重组、债务重组等资本营运提供融资策划、方案设计、推介路演等

方面的咨询服务；为上市公司的债权人、债务人对上市公司进行债务重组、资产重组、相关的股权重组等提供咨询服务以及中国证监会认定的其他业务形式。

四、证券承销与保荐业务

证券承销是指证券公司代理证券发行人发行证券的行为。发行人向不特定对象公开发行的证券，法律、行政法规规定应当由证券公司承销的，发行人应当同证券公司签订承销协议。

证券承销业务可以采取包销或者代销方式。证券包销是指证券公司将发行人的证券按照协议全部购入或者在承销期结束时将售后剩余证券全部自行购入的承销方式，前者为全额包销，后者为余额包销。证券代销是指证券公司代发行人发售证券，在承销期结束时，将未售出的证券全部退还给发行人的承销方式。《中华人民共和国证券法》还规定了承销团的承销方式。按照《中华人民共和国证券法》的规定，向不特定对象发行的证券票面总值超过人民币5000万元的，应当由承销团承销，承销团由主承销商和参与承销的证券公司组成。

发行人申请公开发行股票、可转换为股票的公司债券，依法采取承销方式的，或者公开发行法律、行政法规规定实行保荐制度的其他证券的，应当聘请具有保荐资格的机构担任保荐机构。证券公司履行保荐职责，应按规定注册登记为保荐机构。保荐机构负责证券发行的主承销工作，负有对发行人进行尽职调查的义务，对公开发行募集文件的真实性、准确性、完整性进行核查，向中国证监会出具保荐意见，并根据市场情况与发行人协商确定发行价格。

五、证券自营业务

证券自营业务是指证券公司以自己的名义，以自有资金或者依法筹集的资金，为本公司买卖依法公开发行的股票、债券、权证、证券投资基金及中国证监会认可的其他证券，以获取盈利的行为。证券自营活动有利于活跃证券市场，维护交易的连续性。但在自营活动中要防范操纵市场和内幕交易等不正当行为。由于证券市场的高收益性和高风险性特征，许多国家都对证券经营机构的自营业务制定法律法规，进行严格管理。

证券公司开展自营业务，或者设立子公司开展自营业务，都需要取得证券监管部门的业务许可，证券公司不得为从事自营业务的子公司提供融资或担保。同时，证券公司需要治理结构健全，内部管理有效，能够有效控制业务风险；公司有合格的高级管理人员及适当数量的从业人员、安全平稳运行的信息系统；建立完备的业务管理制度、投资决策机制、操作流程和风险监控体系。

六、证券资产管理业务

证券资产管理业务是指证券公司作为资产管理人，根据有关法律、法规和与投资者签订的资产管理合同，按照资产管理合同约定的方式、条件、要求和限制，为投资者提供证券及其他金融产品的投资管理服务，以实现资产收益最大化的行为。

证券公司从事资产管理业务，应当获得证券监管部门批准的业务资格；公司净资本不低于 2 亿元，且各项风险控制指标符合有关监管规定，设立限定性集合资产管理计划的净资本限额为 3 亿元，设立非限定性集合资产管理计划的净资本限额为 5 亿元；资产管理业务人员具有证券从业资格，且无不良行为记录，其中具有 3 年以上证券自营、资产管理或者证券投资基金管理从业经历的人员不少于 5 人；公司具有良好的法人治理机构、完备的内部控制和风险管理制度。

证券公司为单一客户办理定向资产管理业务，应当与客户签订定向资产管理合同，通过该客户的账户为客户提供资产管理服务。定向资产管理业务的特点是：证券公司与客户必须是一对一的投资管理服务；具体投资的方向在资产管理合同中约定；必须在单一客户的专用证券账户中封闭运行。

证券公司为多个客户办理集合资产管理业务，应当设立集合资产管理计划并担任集合资产管理计划管理人，与客户签订集合资产管理合同，将客户资产交由具有客户交易结算资金法人存管业务资格的商业银行或者中国证监会认可的其他机构进行托管，通过专门账户为客户提供资产管理服务。集合资产管理业务的特点是：集合性，即证券公司与客户是一对多；投资范围有限定性和非限定性的区分；客户资产必须托管；专门账户投资运作；比较严格的信息披露。

七、融资融券业务

融资融券业务是指向客户出借资金供其买入上市证券或者出借上市证券供其卖出，并收取担保物的经营活动。

证券公司经营融资融券业务，应当具备以下条件：经营证券经纪业务已满 3 年，公司治理结构健全，内部控制有效，能有效识别控制和防范业务经营风险和内部管理风险；公司及其董事、监事、高管最近 2 年内未有违法行为；财务状况良好，最近 2 年各项指标均符合规定；客户资产安全、完整，实现交易、清算以及客户账户和风险监控的集中管理；有完善和切实可行的业务实施方案和内部管理制度，具备开展业务所需的人员、技术、资金和证券等。

八、证券公司中间介绍（IB）业务

IB（Introducing Broker）即介绍经纪商，是指机构或者个人接受期货经纪商的委托，介绍客户给期货经纪商并收取一定佣金的业务模式。证券公司中间介绍（IB）业务是指证券公司接受期货经纪商的委托，为期货经纪商介绍客户参与期货交易并提供其他相关服务的业务活动。

九、直接投资业务

证券公司开展直接投资业务,应当按照监管部门有关规定设立直接投资业务子公司(简称直投子公司),并根据法律规定开展业务,证券公司不得以其他形式开展直投业务。

直投子公司可开展以下业务:使用自由资金或设立直投基金,对企业进行股权投资或债券投资,以及与其相关的其他投资基金;为客户开展相关财务顾问服务;经中国证监会认可的其他业务。

直投子公司不得开展依法应当由证券公司经营的证券业务,可以现金管理为目的,将闲置资金投资于股票、债券等。

工作任务二 了解证券服务机构

证券服务机构是指依法设立的从事证券服务业务的法人机构,主要包括证券投资咨询机构、财务顾问机构、资信评级机构、资产评估机构、会计师事务所、律师事务所、信息技术系统服务机构等。根据我国有关法规的规定,证券服务机构的设立需要按照工商管理法规的要求办理注册。新《证券法》规定,从事证券投资咨询服务业务,应当经国务院证券监督管理机构核准;从事其他证券服务业务,应当报国务院证券监督管理机构和国务院有关主管部门备案。

模块四 证券投资品种

工作任务 资本证券的种类分析

一、股票

股票是股份有限公司向股东发行的、证明股东持股的所有权凭证,股份

股票的品种

持有者可以取得股息和红利。股份公司的股份被等额分割，每股股票都代表股东对企业拥有一个基本单位的所有权。股票的类型有很多，可以从多个角度进行分类。

（一）普通股与优先股

股票按股东享有的权利不同，可以分为普通股和优先股。普通股是最常见的股票形式，是指享有普通权利的股票。股东持有普通股，即享有公司的经营决策参与权、收益分配权、剩余财产分配权、优先认股权。而优先股股东享受固定的股息率，在股息领取和剩余财产分配上先于普通股股东，但是不具有经营决策参与权。

（二）记名股票与不记名股票

股票按是否在股票票面和股东名册上记载股东姓名，可以分为记名股票和不记名股票。股份公司向发起人、法人发行的股票一般为记名股票。

（三）A股、B股、H股、N股、L股、S股

股票按发行地点、交易币种不同，可以分为A股、B股、H股、N股、L股、S股等。A股即人民币普通股，是指由中国境内公司发行，供境内机构、组织或个人以人民币认购和交易的普通股股票。从2013年4月1日起，境内居住的港、澳、台居民可开立A股账户。B股即人民币特种股票，它是以人民币标明面值，以外币认购和买卖，在境内（上海、深圳）证券交易所上市交易的。以前只对国外投资者开放，现国内投资者只要有合法外汇就可以开户投资。H股的H代表香港（Hong Kong），发行H股的公司指那些在我国内地注册成立，并获得中国证券监督管理委员会批准到香港上市的公司。这些在香港证券市场上市、以港币或其他货币认购及买卖的中国内地企业股份称为"H股"。N股是指在中国内地注册，在纽约（New York）上市的外资股。L股是指在中国内地注册，在伦敦（London）上市的外资股。S股指注册地，主要生产或者经营等核心业务在中国内地，在新加坡（Singapore）交易所上市挂牌的企业股票。

（四）超大盘股、大盘股、中盘股、小盘股

根据流通市值的大小不同，可以将股票分为超大盘股、大盘股、中盘股、小盘股。将所有股票按流通市值从大到小排序，计算累加市值占流通总市值之比，累加市值达到流通总市值50%的股票为超大盘股，累加市值占比在50%以上至70%之间的股票为大盘股，70%以上至90%的为中盘股，90%以上至100%的为小盘股。

（五）蓝筹股、成长股、收入股、防守股、周期股、垃圾股

根据上市公司业绩水平的不同，可将股票分为蓝筹股、成长股、收入股、防守股、周期股、垃圾股。蓝筹股是指在行业中占据重要地位，具备稳定盈利能力、成交量大，且能定期派发丰厚的股息红利的公司的股票。"蓝筹"源于西方赌场，在蓝、红、白色等三种筹码中，蓝色筹码最值钱。因此，在股市中蓝筹股代表具有投资价值、投资风险低的股票，

成长股是指销售额和业绩增长速度快，发展快于同行业的公司所发行的股票。这些公司市盈率一般较高，支付红利较低，投资者的收益主要为股票价格上涨的资本利得。收入股是指能支付较高收益的普通股，公用事业股票就属于此类，公司业绩较为稳定。防守股是指在经济下滑或受市场中其他不确定性因素影响时，股票价格波动较小，业绩高于社会平均收益的股票。周期股是指业绩随经济周期的波动而波动的公司股票，例如基础原材料行业的公司股票、资本集约型行业的公司股票。垃圾股是指业绩较差的公司的股票。在市场上，垃圾股表现为成交低迷、股价走低、分红较差。

> **动一动：** 请查找蓝筹股、成长股、收入股、防守股、周期股、垃圾股各一只。

二、债券

债券是一种有价证券，是社会各类经济主体为筹集资金而向债券投资者出具的、承诺按一定利率定期支付利息并到期偿还本金的债权债务凭证。

债券的品种

（一）政府债券、金融债券、公司债券

根据发行主体的不同，债券可以分为政府债券、金融债券和公司债券。政府债券的发行主体是政府，中央政府发行的债券称为"国债"。政府债券的主要用途是解决由政府投资的公共设施或重点建设项目的资金需要和弥补国家财政赤字。金融债券的发行主体是银行或非银行的金融机构。金融机构一般有雄厚的资金实力，信用度较高，因此，金融债券往往有良好的信誉。公司债券是公司依照法定程序发行、约定在一定期限还本付息的有价证券。公司债券的发行主体是股份公司，但有些国家也允许非股份制企业发行债券，归类时，可将公司债券和企业发行的债券合在一起，称为"公司（企业）债券"。

（二）贴现债券、附息债券、息票累积债券

根据债券发行条款中是否规定在约定期限向债券持有人支付利息，债券可分为贴现债券、附息债券、息票累积债券三类。贴现债券又被称为"贴水债券"，是指在票面上不规定利率，发行时按某一折扣率，以低于票面金额的价格发行，发行价与票面金额之差额相当于预先支付的利息，到期时按面额偿还本金的债券。附息债券则在合约中明确规定，债券存续期内，对持有人定期支付利息（通常每半年或每年支付一次）。按照计息方式的不同，这类债券还可细分为固定利率债券和浮动利率债券两类。与附息债券相似，息票累积债券也规定了票面利率，但是，债券持有人必须在债券到期时一次性获得本息，存续期间不支付利息。

（三）公募债券、私募债券

按募集方式不同，债券可以分为公募债券和私募债券。公募债券是指发行人向不特定

的社会公众投资者公开发行的债券。公募债券发行量大，持有人数众多，可以在公开的证券市场上市交易，流动性好。私募债券是指向特定的投资者发行的债券。私募债券的发行对象一般是特定的机构投资者，如银行、信托公司、保险公司和各种基金会等。

（四）实物债券、凭证式债券、记账式债券

根据债券券面形态不同，可以将债券分为实物债券、凭证式债券和记账式债券。实物债券是一种具有标准格式、实物券面的债券。在标准格式的债券券面上，一般印有债券面额、债券利率、债券期限、债券发行人全称、还本付息方式等各种债券票面要素。凭证式债券是债权人认购债券的一种收款凭证，而不是债券发行人制定的标准格式的债券。记账式债券是没有实物形态的票券，它利用证券账户，通过电脑系统完成债券发行、交易及兑付的全过程。

三、基金

证券投资基金是指通过公开发售基金份额募集资金，由基金托管人托管，由基金管理人管理和运用资金，为基金份额持有人的利益，以资产组合方式进行证券投资的一种利益共享、风险共担的集合投资方式。

（一）封闭式基金、开放式基金

基金按运作方式不同，可分为封闭式基金和开放式基金。封闭式基金是指经核准的基金份额总额在基金合同期限内固定不变，基金份额可以在依法设立的证券交易场所交易，但基金份额持有人不得申请赎回的基金。开放式基金是指基金份额总额不固定，基金份额可以在基金合同约定的时间和场所申购或者赎回的基金。

> 动一动：请查找封闭式基金、开放式基金各一例，对比它们的代码、名称、净值等情况。

（二）契约型基金、公司型基金

基金按组织形式不同，可分为契约型基金和公司型基金。契约型基金又被称为单位信托基金，是指将投资者、管理人、托管人三者作为信托关系的当事人，通过签订基金契约的形式发行受益凭证而设立的一种基金。契约型基金起源于英国。目前，我国的基金全部是契约型基金。公司型基金是依据基金公司章程设立，在法律上具有独立法人地位的股份投资公司发行的基金。公司型基金以发行股份的方式募集资金，投资者购买基金公司的股份后，以基金持有人的身份成为基金公司的股东，凭其持有的股份依法享有投资收益。公司型基金在组织形式上与股份有限公司类似，由股东选举董事会，由董事会选聘基金管理公司，基金管理公司负责管理基金的投资业务。

（三）债券型基金、股票型基金、货币市场基金

基金按投资标的划分，可分为债券型基金、股票型基金、货币市场基金等。债券型基金是一种以债券为主要投资对象的证券投资基金。由于债券的年利率固定，因而这类基金的风险较低，适合于稳健型投资者。在我国，根据《公开募集证券投资基金运作管理办法》的规定，80％以上的基金资产投资于债券的，为债券型基金。股票型基金是指以上市股票为主要投资对象的证券投资基金。股票型基金的投资目标侧重于追求资本利得和长期资本增值。在我国，根据《公开募集证券投资基金运作管理办法》的规定，80％以上的基金资产投资于股票的，为股票型基金。货币市场基金是仅以货币市场工具为投资对象的一种基金，其投资对象期限较短，一般在1年以内，包括银行短期存款、国库券、公司短期债券、银行承兑票据及商业票据等货币市场工具。

> **想一想：你如果有10万资金，你会投资上述哪种基金？**

（四）公募基金、私募基金

基金按募集方式划分，可分为公募基金和私募基金。公募基金是可以面向社会公众公开发售的基金。公募基金可以向社会公众公开发售基金份额和宣传推广，基金募集对象不固定；基金份额的投资金额要求较低，适合中小投资者参与；基金必须遵守有关的法律法规，接受监管机构的监管并定期公开相关信息。私募基金是向特定的投资者发售的基金。私募基金不能进行公开发售和宣传推广，只能采取非公开方式发行；基金份额的投资金额较高，风险较大，监管机构对投资者的资格和人数会加以限制；基金的投资范围较广，在基金运作和信息披露方面所受的限制和约束较少。

（五）主动型基金、被动型基金

基金按投资理念划分，可分为主动型基金和被动型基金。主动型基金是指力图取得超越基准组合表现的基金。被动型基金一般选取特定指数作为跟踪对象，因此通常又被称为"指数基金"。指数基金的优势是：费用低廉，风险较小，可以获得市场平均收益率，为股票投资者提供比较稳定的投资回报，并且可以作为避险套利的工具。

> **动一动：请分析比较后，推荐一款适合近期投资的被动型基金。**

实 战 演 练

1. 请点开新浪财经网站（https：//finance.sina.com.cn/），查找股票、债券、基金各一例，分析其涨跌、收益与风险情况。

类别	代码	名称	发行主体	上一交易日涨跌幅	涨跌原因分析	年收益率情况	风险大小
股票							
债券							
基金							

2. 请打开中国证券监督管理委员会网站 http://www.csrc.gov.cn/pub/newsite/fxjgb/，在发行监管部栏目中查看最新的首次公开发行股票招股说明书，并记录发行概况信息。

本次发行概况	
公司名称	
保荐机构	
主营业务	
发行股票类型	
发行股数	
每股面值	
拟上市的证券交易所	
发行后总股本	

范例：

（1）登录证监会网站，点开预先披露。

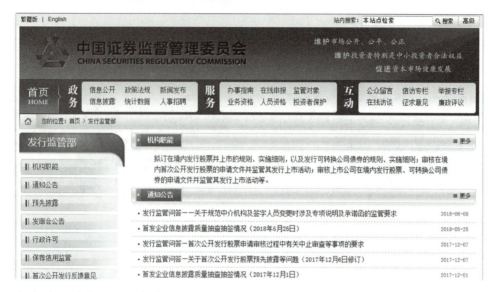

（2）点开小熊电器股份有限公司首次公开发行股票招股说明书。

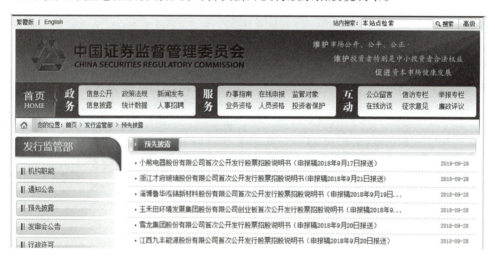

（3）查看发行概况及发行人的主营业务。

本次发行概况	
发行股票类型：	人民币普通股（A股）
发行股数：	本次公司拟公开发行股份不超过3000万股，占发行后公司总股本的比例不低于25％。本次发行原股东不公开发售老股。
每股面值：	1.00元
每股发行价格：	【 】元

本次发行概况	
预计发行日期：	【　】年【　】月【　】日
拟上市的证券交易所：	深圳证券交易所
发行后总股本：	不超过 12000 万股

小熊电器股份有限公司 　　　　　　　　　　　　　　　招股说明书（申报稿）

（4）记录信息。

本次发行概况	
公司名称	小熊电器股份有限公司
保荐机构	东莞证券股份有限公司
主营业务	创意小家电研发、设计、生产和销售
发行股票类型	人民币普通股（A 股）
发行股数	拟公开发行不超过 3000 万股，占发行后总股本比例不低于 25％
每股面值	1 元
拟上市的证券交易所	深圳证券交易所
发行后总股本	不超过 12000 万股

3. 请分组对证券公司进行实地考察或网络查询，了解证券公司开户的流程，并绘制流程图。

范例： 招商证券开户流程图：

（1）点击开户软件进入开户界面。

（2）进行手机号码验证。

（3）选择开户营业部。

（4）上传身份证。

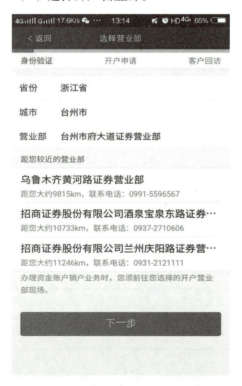

（5）填写并完善信息。

（6）拍摄头部正面照。

（7）录制视频。

（8）完成风险测评。

（9）选择市场。

（10）绑定银行卡。

（11）设置密码。

（12）完成客户回访。

（13）开户完成。

4．请查找下列基金类型各一例，选择近 1 个月收益最高的基金进行记录。

基金类型	基金代码	基金简称	单位净值	累计净值	管理人	近 1 月增长率	近 6 月阶段涨幅同类排名
债券型基金							
股票型基金							
货币市场基金							

范例：

（1）登录天天基金网，选择基金排行。

（2）选择并记录近 1 个月收益排在首位的基金相关信息。

（3）点击基金简称，查找管理人、阶段涨幅同类排名信息。

方正富邦保险主题指数分级(167301)

净值估算2018-09-28 15:00 ❓　　　单位净值（2018-09-28）　　　累计净值

1.2040 ⬆ +0.0190　　　**1.2040** 1.60%　　　**1.2620**
　　　　+1.60%

近1月：5.61%　　　　近3月：14.02%　　　　近6月：1.86%

近1年：1.19%　　　　近3年：42.38%　　　　成立来：26.43%

基金类型：股票指数 ｜ 高风险　　　基金规模：6.13亿元（2018-06-30）　　　基金经理：沈毅等

成 立 日：2015-07-31　　　　管 理 人：方正富邦基金　　　　基金评级：暂无评级

跟踪标的：中证方正富邦保险主题指数｜跟踪误差：0.24%

	阶段涨幅	季度涨幅	年度涨幅		⬇ 下载手机版，随时查看阶段涨幅		截止至 2018-09-28	更多 ❯
	近1周	近1月	近3月	近6月	今年来	近1年	近2年	近3年
阶段涨幅	1.86%	5.61%	14.02%	1.86%	-10.68%	1.19%	30.22%	42.38%
同类平均	0.44%	-1.37%	-2.23%	-12.08%	-15.28%	-14.40%	-4.10%	1.67%
沪深300	0.83%	1.14%	0.45%	-10.51%	-14.69%	-10.04%	6.44%	6.05%
跟踪标的 ❓	1.94%	5.81%	12.79%	-0.95%	-13.50%	-0.20%	34.02%	44.46%
同类排名	84 ｜ 991	2 ｜ 979	1 ｜ 961	27 ｜ 889	230 ｜ 843	74 ｜ 802	32 ｜ 617	37 ｜ 530
四分位排名 ❓	优秀	优秀	优秀	优秀	良好	优秀	优秀	优秀

基金类型	基金代码	基金简称	单位净值	累计净值	管理人	近1月增长率	近6月阶段涨幅同类排名
股票型基金	167301	方正富邦保险	1.2040	1.2620	方正富邦基金	5.61%	27/889

课 后 习 题

一、单项选择题

1. 金融市场的首要功能是（　　）。

A. 资金融通　　　　　　　　　　B. 风险管理

C. 价格发现　　　　　　　　　　D. 提供流动性

2. 下列各项中，属于短期金融资产市场的是（　　　）。

A．股票市场　　　　　　　　　B．资本市场

C．债券市场　　　　　　　　　D．货币市场

3. 证券中介机构包括证券经营机构和证券（　　　）机构两类。

A．法人　　　　　　　　　　　B．业务

C．投资　　　　　　　　　　　D．服务

二、多项选择题

1. 证券公司的自营业务可以投资于（　　　）。

A．股票　　　　　　　　　　　B．债券

C．权证　　　　　　　　　　　D．证券投资基金

2. 股票按股东享有权利的不同，可以分为（　　　）。

A．记名股票　　　　　　　　　B．普通股票

C．不记名股票　　　　　　　　D．优先股票

3. 以下选项中，属于债券的基本性质的是（　　　）。

A．债券属于有价证券　　　　　B．债券是一种虚拟资本

C．债券是设权证券　　　　　　D．债券是债权的表现

三、判断题

1. 货币市场基金是指 80% 以上基金资产投资于货币市场工具的一种基金。　（　　　）

2. 公司发行股票所筹得的资金属于自有资本。　（　　　）

3. 基金按投资标的划分，可分为债券型基金、股票型基金、货币市场基金等。（　　　）

四、简答题

1. 根据当前行情，给客户推荐两款合适的证券产品，需要具体指出产品的类别、行业、代码、简称，并给出你的理由。

2. 请对比分析开放式基金和封闭式基金的不同之处。

项目二　证券交易

学习目标 ›

◆ 熟悉证券交易规则与委托。
◆ 了解交易费用。
◆ 熟悉证券专业术语。
◆ 掌握指数与股票分时走势。
◆ 了解证券盘口信息。

关键词：交易操作、术语、分时走势、盘口

思维导图 ›

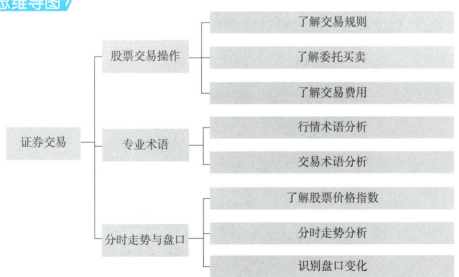

证券交易	股票交易操作	了解交易规则
		了解委托买卖
		了解交易费用
	专业术语	行情术语分析
		交易术语分析
	分时走势与盘口	了解股票价格指数
		分时走势分析
		识别盘口变化

证券投资
ZHENGQUAN TOUZI

案例导读

我的委托会成交吗

小何同学试了一下模拟炒股,他在交易区点击买入三个不同的股票,可是等了很久,在持仓里面还是没有看到这三个股票,他想买其他的股票却显示没有可用资金。他很疑惑地去问老师,老师问了他几个问题:1.首先刷新一下看看是否因网络问题而没有显示;2.然后看看撤单里面是不是有可撤销的单子;3.再看看当日委托里面这几个股票的价格是否符合现在的市场价格,有没有显示成交。

老师接着指出了小何的三个股票未成交及无法继续交易的原因:1.小何买的股票一前面带有 N,表示是上市首日的新股,它的卖一至卖五没有显示价格与委托数量,而在买一档的委托量非常大,表明买的人很多,但是没有人愿意卖,因此按照证券交易"价格优先,时间优先"的原则,除非当天排在小何前面的他人的单子成交或撤单,否则小何不能成交;2.小何的股票二的市场价格是 10 元,而小何的委托买入价格是 9.5 元,那么目前小何的报价还没有达到市场价格,需要继续等待,如果市场价格跌至 9.5 元或更低,则小何的股票二就能成交;3.小何下单的股票三当天显示 10% 的涨幅,而且 K 线为一字线,这种股票和股票一类似,愿意卖的人极少,愿意买的人很多,除非今天这个股票开板,才有可能成交;4.当委托的股票没有成交时,对应的资金被冻结,小何委托的三个股票已经占用了所有资金,因此无法买入其他股票。

小何听后,在撤单里面撤销了三个股票的原委托,再对股票二按买入价格 10 元进行重新委托,终于顺利地成交了。

模块一　股票交易操作

工作任务一　了解交易规则

一、交易时间

A 股交易时间为每周一至周五(法定节假日和交易所公告的休市日除外)。每个交易日的 9:15 至 9:25 为开盘集合竞价时间，9:30 至 11:30、13:00 至 14:57 为连续竞价时间，14:57 至 15:00 为收盘集合竞价时间。

二、申报时间

交易参与人在每个交易日的 9:15 至 9:25、9:30 至 11:30、13:00 至 15:00 可以竞价交易申报。其中在 9:20 至 9:25、14:57 至 15:00，交易所不接受撤单申报，在其他接受交易申报的时间可以撤销未成交申报。

三、竞价成交

股票交易采用的计价单位为"每股价格"，申报数量应当为 100 股或其整数倍。卖出股票时，余额不足 100 股的部分，应当一次性申报卖出。买卖有价格涨跌幅限制的股票，在价格涨跌幅限制范围内的申报为有效申报，超出范围的申报为无效申报。每笔参与竞价交易的申报不能一次全部成交时，未成交部分继续参加当日竞价。

（一）竞价原则：价格优先、时间优先

买入委托以较高价格为优先价格，卖出委托以较低价格为优先价格；买卖方向、价格相同的，先申报者优于后申报者。在买卖五档价格中，排在买一档的价格是买方委托的较高价，排在卖一档的是卖方委托的较低价。

（二）竞价方式

我国证券交易所采用的两种竞价方式为集合竞价与连续竞价。从图 2-1 可以看出，该股票开盘前和尾盘有两段特殊的深色区间，这两段区间为集合竞价阶段，而中间时间段为连续竞价阶段。

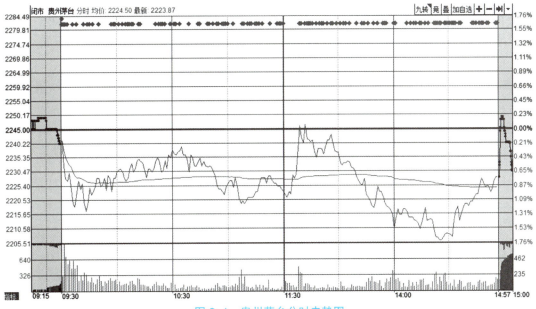

图 2-1　贵州茅台分时走势图

1. 集合竞价

集合竞价是指对在规定的一段时间内接受的买卖申报一次性集中撮合的竞价方式。我国证券交易所规定的集合竞价确定成交价的原则为：

第一，可实现最大成交量的价格。

第二，高于该价格的买入申报与低于该价格的卖出申报全部成交的价格。

第三，与该价格相同的买方或卖方至少有一方全部成交的价格。

如有两个以上申报价格符合上述条件的，上海证券交易所规定使未成交量最小的申报价格为成交价格；若仍有两个以上使未成交量最小的申报价格符合上述条件的，其中间价为成交价格。深圳证券交易所则取在该价格以上的买入申报累计数量与在该价格以下的卖出申报累计数量之差最小的价格为成交价；买卖申报累计数量之差仍存在相等情况的，开盘集合竞价时取最接近即时行情显示的前收盘价为成交价，盘中、收盘集合竞价时取最接近最近成交价的价格为成交价。

集合竞价的所有交易以同一价格成交，然后进行集中撮合处理。所有买方有效委托按委托限价由高到低的顺序排列，限价相同者按照进入证券交易所交易系统电脑主机的时间先后排列。所有卖方有效委托按照委托限价由低到高的顺序排列，限价相同者也按照进入交易系统电脑主机的时间先后排列。系统依序逐笔将排在前面的买方委托与卖方委托配对成交。也就是说，按照价格优先，同等价格下时间优先的成交顺序依次成交，直至成交条件不满足为止，即所有买入委托的限价均低于卖出委托的限价，所有成交都以同一成交价成交。集合竞价中未能成交的委托，自动进入连续竞价。

2. 连续竞价

连续竞价是指对买卖申报逐笔连续撮合的竞价方式。连续竞价阶段的特点是，每一笔买卖委托输入交易自动撮合系统后，当即判断并进行不同的处理：能成交者予以成交，不能成交者等待机会成交，部分成交者则让剩余部分继续等待。按照证券交易所的有关规定，在无撤单的情况下，委托当日有效。另外，开盘集合竞价期间未成交的买卖申报，自动进入连续竞价。深圳证券交易所还规定，连续竞价期间未成交的买卖申报，自动进入收盘集合竞价。

连续竞价时，成交价格的确定原则为：

第一，最高买入申报与最低卖出申报价位相同，以该价格为成交价。

第二，买入申报价格高于即时揭示的最低卖出申报价格时，以即时揭示的最低卖出申报价格为成交价。

第三，卖出申报价格低于即时揭示的最高买入申报价格时，以即时揭示的最高买入申报价格为成交价。

四、交易单位

股票的交易单位为"股"，1 手为 100 股，委托买入数量必须为 100 股或其整数倍。不足 100 股的数量称为零股，当委托申报部分成交时或分红送股时可能出现不足 1 手的零股，零股只能一次性全部委托卖出，不能委托买入零股。

封闭式基金的交易单位为"份"，1 手为 100 份，委托买入数量必须为 100 份或其整数倍。国债现券和可转换债券的交易单位为"手"，1 手为 1000 元面额，1 手为 10 张债券，每张债券面额 100 元，委托买入数量必须为 1 手或其整数倍。

五、报价单位

股票以"股"为报价单位，基金以"份"为报价单位，债券以"手"为报价单位。比如行情显示"贵州茅台"最新 2627.88，即"贵州茅台"股现价 2627.88 元 / 股。A 股、债券交易、债券买断式回购交易的申报价格最小变动单位为 0.01 元人民币；基金、权证的申报价格最小变动单位为 0.001 元人民币；深 B 股的最小变动单位为 0.01 港元；沪 B 股的最小变动单位为 0.001 美元；债券质押式回购为人民币 0.005 元。

六、涨跌幅规定

竞价申报时的有效范围为该股票涨跌幅的上下限，在规定的涨跌幅范围内的申报价格才有效。

涨跌幅限制价格的计算公式为：涨跌幅限制价格 ＝前收盘价 ×（1 ± 涨跌幅限制比例）。

除特殊情况外，沪深交易所对股票实行的价格涨跌幅限制比例为 10%，其中标注 ST 和 *ST 股票，为交易所对这些公司的股票进行特别处理，涨跌幅限制为 5%。

上海证券交易所规定，在下列情形下，首个交易日无价格涨跌幅限制：首次公开发行上市的股票；增发上市的股票；暂停上市后恢复上市的股票；退市后重新上市的股票；上海证券交易所认定的其他情形。

深圳证券交易所规定，在下列情形下，首个交易日无价格涨跌幅限制：首次公开发行上市的股票；增发上市的股票；暂停上市后恢复上市的股票；中国证监会或深圳证券交易所认定的其他情形。

科创板和创业板股票竞价交易实行价格涨跌幅限制的比例为 20%，首次公开发行的股票，上市后的前 5 个交易日不设价格涨跌幅限制。

主板股票新股上市首日，涨跌幅有特殊规定。投资者的申报价格应当符合以下要求，超出有效申报价格范围的申报为无效申报：

第一，开盘集合竞价阶段，有效申报价格不得高于发行价格的 120% 且不得低于发行价格的 80%。

第二，连续竞价阶段、开市期间停牌阶段和收盘集合竞价阶段，有效申报价格不得高于发行价格的 144% 且不得低于发行价格的 64%。

沪深主板新股上市首日连续竞价阶段，盘中成交价格较当日开盘价首次上涨或下跌超过 10% 的，交易所对其实施盘中临时停牌；盘中成交价格较当日开盘价上涨或下跌超过 20% 的，交易所不再对其实施盘中临时停牌。因前款规定停牌的，停牌持续时间为 30 分钟，如停牌持续时间达到或超过 14:57，当日 14:57 复牌，进入收盘集合竞价阶段。实施盘中临时停牌后，交易所将通过官方网站和卫星传输系统，对外公告具体的停牌及复牌时间。

七、股票的交收

投资者买入的股票当天不能卖出，要到第二个交易日才能卖出。在资金方面，当天卖出的股票资金回到资金账户上，可以用来买股票，但是无法从账户转出，即 A 股实行 "T+1" 交收制度，必须到第二个交易日交收后才能够转出资金。B 股为 "T+3" 交收。

八、大宗交易

证券买卖符合以下条件的，可以采用大宗交易方式：A 股单笔买卖申报数量应当不低于 30 万股，或者交易金额不低于 200 万元人民币；B 股单笔买卖申报数量应当不低于 30 万股，或者交易金额不低于 20 万美元；基金大宗交易的单笔买卖申报数量应当不低于 200 万份，或者交易金额不低于 200 万元；债券及债券回购大宗交易的单笔买卖申报数量应当不低于 1000 手，或者交易金额不低于 100 万元。

大宗交易申报包括意向申报、成交申报、固定价格申报、其他大宗交易申报。每个交易日接受大宗交易申报的时间分别为：9:30 至 11:30、13:00 至 15:30 接受意向申报；9:30 至 11:30、13:00 至 15:30、16:00 至 17:00 接受成交申报；15:00 至 15:30 接受固定价格申报。每个交易日 16:00 至 17:00 时段确认的成交，于次一交易日进行清算交收。

工作任务二　了解委托买卖

投资者通过委托券商下达委托指令在证券交易所买卖证券。

一、委托指令

如何下单委托

委托指令应当包括下列要素：账户代码、证券代码、买卖方向、报价方式、委托价格、证券数量、交易所及投资者要求的其他内容等。

（一）账户代码

证券账户代码可以选择深市账户或沪市账户，也可以选择资金账户代码。

（二）证券代码

我国 A 股的代码均为 6 位数字。上海证券交易所的股票代码以数字 6 开头，其中科创板的股票代码以数字 688 开头。深圳证券交易所的股票代码以数字 0 开头，其中创业板的股票代码以数字 3 开头。

（三）买卖方向

买卖方向即选择委托买入还是委托卖出。

（四）报价方式

委托买卖股票可以根据委托价格的限制分为市价委托和限价委托。

市价委托是指投资者向证券经纪商发出买卖股票的委托指令，要求证券经纪商按当时的市场价格买入或卖出股票。

限价委托是指投资者向证券经纪商发出买卖股票的委托指令，要求证券经纪商按限定的价格或比限定价格更利于投资者的价格进行股票的买卖。如果是买入股票，则是按限定价格或低于限价买进股票；如果是卖出股票，则是按限定价格或高于限定价格卖出股票。

（五）委托价格

委托价格在当天的涨跌幅限制范围内即为有效。

（六）证券数量

委托申报的数量为 100 股或其整数倍数。

二、委托形式

证券委托可以分成柜台委托和非柜台委托。

柜台委托是指委托人亲自或由其代理人到证券营业部交易柜台，根据委托程序和必需的证件采用书面方式表达委托意向，由本人填写委托单并签章的形式。非柜台委托主要有人工电话委托或传真委托、自助和电话自动委托、网上委托等形式。目前应用较为广泛的委托形式为网上委托。

三、委托的变更与撤销

在委托未成交前，投资者有权变更或撤销委托。变更委托，即撤销原委托后重新进行委托。证券公司申报竞价成交后，买卖交易即成立，成交部分不得撤销。

动一动：请打开模拟炒股软件，选择一只股票试试委托买入。

工作任务三　了解交易费用

一、交易佣金

在证券经纪业务中，证券公司收取一定比例的佣金作为业务收入。A 股、B 股、证券投资基金的交易佣金实行最高上限向下浮动制度，证券公司向客户收取的佣金（包括代收的证券交易监管费和证券交易所手续费等）不得高于证券交易金额的 3‰也不得低于代收的证券交易监管费和证券交易所手续费等。A 股、证券投资基金每笔交易佣金不足 5 元的，按 5 元收取；B 股每笔交易佣金不足 1 美元或 5 港元的，按 1 美元或 5 港元收取。

二、过户费

过户费是委托买卖的股票、基金成交后，买卖双方为变更证券登记所支付的费用。这笔收入一部分属于中国结算公司的收入，一部分由证券公司留存，由证券公司在同客户清算交收时代为扣收。

三、印花税

证券交易印花税是从普通印花税发展而来的，专门针对股票交易发生额征收的一种税。证券交易印花税是政府增加税收收入的一个手段，也是政府调控股市的重要工具。A 股和 B 股股票成交后，由出让方按 1‰的税率计算缴纳证券（股票）交易印花税。证券交易印花税对证券交易的出让方征收，不对证券交易的受让方征收。

模块二　专业术语

工作任务一　行情术语分析

盘口：是对整体盘面实时信息汇集的总称。盘口包括股价的分时走势、实时成交量、股票的买卖五档挂单情况、实时买卖成交情况、涨跌幅等信息。通过图 2-2 贵州茅台的盘口信息，可以观察到该股票当日的交易动向。

委比：是指委买手数和委卖手数之差与委买手数和委卖手数之和的比值，它是衡量某一段时间买卖盘相对强弱的指标。委比值的变动范围为 -100% 至 +100%，当委比值为 -100% 时，表明市场没有买盘，只有卖盘，说明抛盘力量非常强大。反之，当委比值为 +100% 时，则说明买盘力量非常强大。委比值从 -100% 至 +100% 的变动，是卖盘逐渐减弱，买盘逐渐增强的过程。

盘口信息获取

日开盘价：日开盘价是指每个交易日的第一笔成交价格，这是传统的开盘价定义。目前中国市场采用集合竞价的方式产生开盘价。

日收盘价：日收盘价是指每个交易日的最后一笔成交价格。因为收盘价是当日行情的标准，又是下一个交易日开盘价的依据，可据以预测未来证券市场行情，所以投资者进行行情分析时一般采用收盘价作为计算依据。

日最低价：指当天该股票成交价格中的最低价格。

日最高价：指当天该股票成交价格中的最高价格。

涨幅：涨幅的计算公式为：（现价 - 昨收价）÷ 昨收价 × 100%。

涨跌：涨跌表示当天价格与昨天收盘价之间的差额，用现价减去昨收价即可得到。

振幅：振幅为当天的最高涨幅和最大跌幅的区间绝对值。具体的计算公式为：（日最高价 - 日最低价）÷ 昨收价 × 100%。从振幅大小可以看出股票当日成交的活跃程度，振幅大说明股票比较活跃，反之则不活跃。当一个股票的涨跌幅限制是 10% 时，则它的最大振幅可以达到 20%，即用最大涨幅 10% 减去最大跌幅 -10%。

股票的涨跌幅计算

日成交量：指当天成交的股票数量。

日成交额：指当天已成交股票的金额总数，即由每一时刻的成交量乘以股票价格汇总可得。

总手：总手是股票当日交易截至目前的总成交量（手数）。

现手：现手是刚成交的一笔交易的手数。

量比：量比是当日总成交手数与近期平均成交手数的比值。如果量比数值大于 1，表示这个时刻的成交总手量已经放大；若量比数值小于 1，表示这个时刻成交总手萎缩。

换手率：换手率是指在一定时间内市场中股票转手买卖的频率，是反映股票流通性的指标之一。计算公式为：换手率 = 某一段时间内的成交量 ÷ 流通股本 × 100%。图 2-2 中"换手（实）"所选取的股份数量为自由流通股，不包括那些控股

贵州茅台 600519		
委比	-79.55%	-54
卖盘 5	2231.00	11
4	2230.55	1
3	2230.44	1
2	2230.20	25
1	2230.00	23
买盘 1	2229.00	2
2	2228.99	2
3	2228.50	1
4	2228.20	1
5	2228.15	1
在买盘2228.00位置→	18手	买单！ 查看详细
最新	2230.00 开盘	2240.97
涨跌	-15.00 最高	2250.00
涨幅	-0.67% 最低	2205.51
振幅	1.98% 量比	0.62
总手	25807 换手	0.21%
金额	57.41亿 换手(实)	0.45%
市盈(静)	59.99 市盈(动)	50.19
总市值	28013亿 流通值	28013亿
涨停	2469.50 跌停	2020.50
外盘	10394 内盘	15413

图 2-2　贵州茅台盘口信息

股东、公司管理层、战略性股东等持有的长期不流通的股份，因此自由流通量股本较为真实地反映了市场上流通股份的情况，是投资者实际能够交易的股份数量。

市盈率（PE）：市盈率又称股份收益比率或本益比，是股票市价与其每股收益的比值，计算公式是：市盈率＝当前每股市场价格÷每股税后利润×100％。市盈率分成静态市盈率、动态市盈率、TTM市盈率等。这三种市盈率的区别在于盈利数据的取值不同，分别选取最近一个完整会计年度的历史数据、最近12个月的数据、预测年度的盈利数据。

市净率（PB）：市净率是股票每股市价与每股净资产的比值，市净率＝股票每股市价÷每股净资产×100％。

每股收益：即每股税后利润，可用公司税后利润除以公司总股数来计算。

市值：即股票的市场价值，亦是股票的市场价格。股票的市场价格是由买卖双方决定的，市值的计算公式为：每股市场价格×股份数量。总市值计算的股份数量为上市公司的所有股份数，流通值计算的股份数量为上市公司的流通股份数。

涨停价：股票当日达到最大涨幅限制时的价格。

跌停价：股票当日达到最大跌幅限制时的价格。

内盘与外盘：委托以买方的买入价成交的纳入"内盘"，成交价以买入价成交的手数总和称为内盘。委托以卖方的卖出价成交的纳入"外盘"，成交价以卖出价成交的手数总和称为外盘。当外盘累计数量比内盘累计数量大很多，而股价也在上涨时，表明很多人在抢盘买入股票。主动性卖盘的成交为内盘，主动性买盘的成交为外盘。外盘与内盘之和为股票当日总手。

工作任务二　交易术语分析

一、多与空

多头：指预期未来价格上涨，以目前价格买入一定数量的股票等价格上涨后，高价卖出，从而赚取差价利润的交易行为，特点为先买后卖。

空头：指预期未来行情下跌，将手中股票按目前价格卖出，待行情跌后买进，从而赚取差价利润的交易行为，其特点为先卖后买。

利多：指对多头有利，能刺激股价上涨的各种因素和消息，例如GDP增长加速、证券交易印花税降低、利率降低等均属于利多。

利空：指对空头有利，能促使股价下跌的各种因素和信息，例如利率上升、经济衰退、公司经营亏损、财务造假被爆出、公司高层被立案调查等均属于利空。

多头陷阱（诱多）：指为多头设置的陷阱，通常发生在指数或股价屡创新高，并迅速突破原来的指数区且达到新高点，投资者对行情继续看好，但随后迅速、滑跌破以前的支撑位，结果使在高位买进的投资者严重被套。

空头陷阱（诱空）：指数或股价从高位区以高成交量跌至一个新的低点区，并造成向下突破的假象，投资者对行情并不看好，甚至产生了恐慌性抛盘，但股价却迅速回升至原先的密集成交区，并向上突破原压力线，使在低点卖出者踏空。

多翻空：原本看好行情的买方，看法改变，变为卖方。

空翻多：原本打算卖出股票的一方，看法改变，变为买方。

多杀多：投资者普遍认为当天股价将上涨，于是抢多头帽子的人增多，然而股价却没有大幅上涨，无法高价卖出，等到交易快要结束时，竞相卖出，因而造成收盘时股价大幅下挫的情形。

逼空：指多头连续大幅上涨，逼迫空头止损投降。

死多：指投资者看好股市前景，买进股票后，如果股价下跌，宁愿放上几年，不赚钱绝不脱手。

利空出尽：在证券市场上，证券价格因各种不利消息的影响而下跌，这种趋势持续一段时间，跌到一定的程度，空方的力量开始减弱，投资者不再被这些利空的因素所影响，证券价格开始反弹上升，这种现象就被称作利空出尽。

利好兑现：一只股票或整个市场的有利消息已经得到了真实的确认，即有正规公布的消息，也就是说传闻的利好消息变成了事实，此时股票会涨，这就叫利好兑现。如果利好兑现时，股票已经因为传言涨到了一定高度，则在利好兑现时股票可能会下跌。

二、股价走势（见图 2-3）

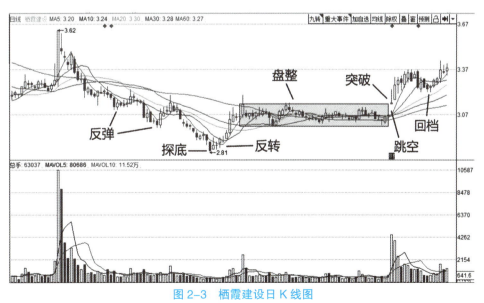

图 2-3　栖霞建设日 K 线图

跳空缺口与补缺口：通常由于受突发消息的影响，或者投资者强烈看好或看空时，股价在走势图上出现空白区域,即相邻的两根 K 线间没有发生任何交集,一根 K 线的最低价比另一根 K 线的最高价更高,这就是跳空缺口。跳空缺口分为向上跳空缺口与向下跳空缺口,图 2-3 中为向上跳空缺口。在跳空缺口形成之后,有时候会将跳空的缺口补回,称为补缺口。

股价走势变动的
术语解析

反弹:在股市上,股价呈不断下跌趋势,终因股价下跌速度过快而反转回升到某一价位的调整现象称为反弹。

反转:指股价朝原来趋势的相反方向移动,分为向上反转和向下反转。与反弹相比,向上反转的特点是持续时间较长、上涨空间幅度大,而反弹的上涨持续时间短、上涨空间幅度小。

回档:在股市上,股价呈不断上涨趋势,终因股价上涨速度过快而回跌到某一价位,这一调整现象称为回档。

回探:股票价格在缓慢上升后,趋势发生改变,缓慢下跌到前期低点区域时,即为回探。

盘整:指股价经过一段时间的快速上升或下降后,遭遇阻力或支撑而呈小幅涨跌变动,形成明显的上下区间。此时股价在有限幅度内波动,盘整上下区间的波动范围可大可小。

震荡调整:买方与卖方的力量相当,股价在某一价格区间内上下波动。当股价达到价格区间的高位时,看空的人卖出股票获利了结,股价转而向下回落。当股价达到价格区间的低位时,看多的人买入股票持仓待涨,股价转而企稳向上。

大幅震荡:指在较短时间内股指或股票价格在最高点与最低点之间不断变化,振幅很大。

钝化:当股票走势形成单边上涨(或下跌)时,技术指标产生死叉(或金叉)后,股价并不向相反方向运行,只是在高位(或低位)横盘,指标线有时会拧在一起,像绳子一样。这种情况被称为"钝化"。

突破:指股价经过一段时间的盘整后,形成上升或下降的新的趋势方向,使得区间原有的高点或低点被打破。

冲高回落:指股指或股价在一段时间内涨到一定位置后,趋势发生改变,形成下跌。

探底:指股价持续跌挫至某价位时便止跌回升,如此一次或数次。

惯性:股价处于涨势或者跌势的时候,其趋势一般将延续,分为惯性上涨与惯性下跌。

背离:当股票或指数在下跌或上涨过程中,不断创新低(高),而一些技术指标不跟随创新低(高),称为背离。

跳水:指大盘或某股票不顾一切大幅度迅猛地下跌,其走势像高台跳水一样在短时间内直线向下。

阴跌：指股价进一步退两步，缓慢下滑的情况，如阴雨连绵，长期不止。

崩盘：指证券市场上由于某种利空原因，出现了证券大量抛出，导致证券市场价格无限度下跌，不知到什么程度才可以停止。这种接连不断地大量抛出证券的现象也称为卖盘大量涌现。

放量与缩量：指股票的交易量与前一天或者前一段时间相比放大了或是缩小了，称为放量或缩量。

三、投资者交易行为

吃货：指主力在低价时暗中买进股票。

出货：指主力在高价时，不动声色地卖出股票。

追高：指当股价处于绝对高位时不断地买入股票。

套牢：指预期股价上涨而买入股票，结果股价却下跌，又不甘心将股票卖出，被动等待获利时机的出现。

割肉：指高价买进股票后，大势下跌，为避免继续损失，低价赔本卖出股票。

止损：指当某一投资出现的亏损达到预定数额时，及时斩仓出局，以避免形成更大的亏损。其目的就在于投资失误时把损失限定在较小的范围内。

抛售：指立刻卖出手中的股票。

离场：指下跌趋势形成时，预计未来一段时间不参与操作股票。

护盘：指主力为了保持股价稳定，而投入资金购买市场上抛售的股票，以保持股价相对稳定。

抬拉：指主力将股价大幅度抬起，在抬拉之后便大量抛出获利。

打压：指主力将股价大幅度压低，在打压之后便大量买进待涨获利。

获利盘和套牢盘：每一只股票都有获利盘和套牢盘，获利盘一般是指股票交易中，买入成本低于市场价格，能够卖出获利的那部分股票。套牢盘就是买入成本高于市场价格的那部分股票。

洗盘：指庄家大户为降低拉升成本和阻力，先把股价大幅度杀低，回收散户恐慌抛售的股票，然后抬高股价乘机获取价差利益的行为。

强势调整：指股价拉升后，主力通过洗盘，将意志不坚定的获利盘清洗出去，从而为主力扫清障碍和减轻上行压力。

震仓：指主力明明想拉升股价，但是由于有很多短线买家想跟风持仓，而主力又想让这些人放弃持股，于是有意把股价打下去。多数短线投资者都是买涨不买跌，或追涨杀跌的，当股价出乎意料地向下跌，就会有很多短线跟风者离场，被主力"震"出来。也有人称此为洗盘。

超买：指股价持续上升到一定高度，买方力量基本用尽，股价即将下跌。

超卖：指股价持续下跌到一定低点，卖方力量基本用尽，股价即将回升。

空仓观望：投资者判断当前行情不易操作，不买入股票继续观望，等待合适时机。

四、仓位

筹码：投资者手中持有一定数量的股票。

建仓与增仓：第一笔买入某股票称建仓，在以后的过程中继续买入称增仓。

半仓：一半股票，一半资金。

满仓：指资金都买了股票，用完了所有的仓位。

斩仓：一般来说指忍痛把赔了钱的股票卖掉。

补仓：把以前卖掉的股票再买回来，或者是对某只股票再追买一些。

空仓：手上没有股票，全都卖完了。

模块三　分时走势与盘口

工作任务一　了解股票价格指数

股票价格指数是用以反映整个市场上各种股票市场价格的总体水平及其变动情况的指标。在股票市场上，数千个股票同时交易，股票价格的涨跌各不相同，因此需要股票价格指数来衡量整个市场的总体价格水平，评估股票市场的变化情况。股票价格指数由专门机构编制，并进行定期调整与公布。

一、股票价格指数的功能

股票价格指数是反映股票市场行情变动的重要指标，也是据以分析经济形势和周期状况的参考指标。

股票价格指数主要具有基准、投资功能，具体表现在：它可以综合反映一定时期内某一证券市场上股票价格的变动方向和变动程度，例如投资者要了解美国股市的涨跌，就可以通过观察美国的道琼斯指数、纳斯达克指数、标普500指数的走势进行判断；可以为投资者研究、判断股市动态提供信息，便于对股票市场趋势走向做出分析，投资者在分析个股之前，可以先分析相关指数的走势，从大势上判断投资时机是否合适；作为投资业绩评价的标尺，提供一个股市投资的基准回报，例如投资者通常将自己的收益与大盘指数的涨跌幅做对比，分析自己的投资有无跑赢大盘；也可作为指数衍生产品和其他金融创新的基础，例如我国的股指期货就是在沪深 300 指数、上证 50 指数、中证 500 指数的基础上创设的。

二、股票价格指数的编制步骤和方法

（一）股票价格指数的编制步骤

股票价格指数的编制分为四步。

第一步，选择样本股。选择一定数量有代表性的上市公司股票作为编制股价指数的样本股。样本股可以是全部上市股票，也可以是其中有代表性的一部分。第二步，选定某基期，并以一定方法计算基期平均股价或市值。通常选择某一有代表性或股价相对稳定的日期为基期，并按选定的某一种方法计算这一天的样本股平均价格或总市值。第三步，计算计算期平均股价或市值，并做必要的修正。收集样本股在计算期的价格，并按选定的方法计算平均价格或市值。第四步，指数化。如果计算股价指数，就需要将计算期的平均股价或市值转化为指数值，即将基期平均股价或市值定为某一常数，通常为 10、100 或 1000，并据此计算计算期股价的指数值。

（二）股票价格指数的编制方法

股票价格指数的编制方法主要有三种，即算术平均法、几何平均法和加权平均法。

（1）算术平均法。该方法是先选定具有代表性的样本股票，以某年某月某日为基期，并确定基期指数，然后计算某一日样本股票的价格平均数，将该平均数与基期对应的平均数相比，最后乘以基期指数即得出该日的股票价格平均指数。

（2）几何平均法。在几何平均法中，报告期和基期的股票平均价采用样本股票价格的几何平均数。

（3）加权平均法。不同股票的地位不同，对股票市场的影响也有大小。加权平均法首先按样本股票在市场上的不同地位赋予其不同的权数，即地位重要的权数大，地位次要的权数小；然后将各样本股票的价格与其权数相乘后求和，再与总权数相除，得到按加权平均法计算的报告期和基期的平均股价；最后据此计算股票价格指数。加权平均法权数的选择，可以是股票的成交金额或上市股数。若选择计算期的同度量因素作为权数，则被称为派许加权法。

例如沪深 300 指数，样本由同时满足以下条件的沪深 A 股组成：

第一，非创业板股票，要求上市时间超过一个季度，除非该股票自上市以来日均 A 股总市值在全部沪深 A 股（非创业板股票）中排在前 30 位；创业板股票，要求上市时间超过三年。

第二，非 ST 股票、*ST 股票，非暂停上市股票。

沪深 300 指数样本按照以下方法选择经营状况良好、无违法违规事件、财务报告无重大问题、股票价格无明显异常波动或市场操纵的公司股票：

计算样本空间内股票最近一年（新股为上市第四个交易日以来）的 A 股日均成交金额与 A 股日均总市值；对样本空间股票在最近一年的 A 股日均成交金额由高到低排名，剔除排名后 50% 股票；对剩余股票按照最近一年 A 股日均总市值由高到低排名，选取前 300 名股票作为指数样本。

沪深 300 指数以"点"为单位，以 2004 年 12 月 31 日为基日，基点为 1000 点，采用派许加权综合价格指数公式进行计算，计算公式如下：

$$报告期指数 = \frac{报告期成分股的调整市值}{除数} \times 1000$$

三、我国主要的股票价格指数（见表 2-1）

表 2-1　我国主要的股价指数　　　　　　　　了解每日必看指数

中证指数有限公司指数	上海证券交易所的股价指数	深圳证券交易所的股价指数
沪深 300 指数	上证综合指数	深证成分指数
中证规模指数： 100（大） 200（中） 500（小） 700（中小） 800（大中小） 中证流通指数	上证 180 指数 上证 50 指数 上证 380 指数 上证 100 指数 上证 150 指数	创业板综合指数 深证 100 指数 深证综合指数 深证 A 股指数 深证 B 股指数 深证新指数

（一）常用指数

（1）沪深 300 指数，代码为 000300 或 399300。沪深 300 指数于 2005 年 4 月 8 日正式发布，由沪深 A 股中规模大、流动性好、最具代表性的 300 只股票组成，以综合反映沪深 A 股市场整体表现。沪深 300 指数是内地首只股指期货的标的指数，被境内外多家机构开发为指数基金和 ETF 产品，跟踪资产在 A 股股票指数中高居首位。它是沪、深证券交易所联合发布的第一只跨市场指数，现由中证指数公司进行管理，每半年调整一次，每次调整的比例不超过 10%。

（2）上证综合指数（上证综指），代码为 000001。上证综指于 1991 年 7 月 15 日发布，是上交所第一只反映市场整体走势的旗舰型指数，也是中国资本市场影响力最大的指数，包含 A 股、B 股等上交所全部上市股票，以总股本为权重加权计算，代表中国资本市场发展历程，是中国资本市场的象征。

（3）深证成分指数，代码为 399001。深证成分指数于 1995 年 1 月 23 日发布，是中国证券市场中历史最悠久、数据最完整的成分股指数。深证成分指数选取深圳证券市场中市值规模与流动性综合排名前 500 位的 A 股组成样本股，从市值结构、行业结构、板块结构等方面均能有效地表征深圳市场的特点。

（4）创业板综合指数。创业板综合指数于 2010 年 8 月 20 日发布，以在深圳证券交易所创业板上市的全部股票为样本股，以样本股可流通股本数为权数进行加权逐日连锁计算。

（5）深证 100 指数。深证 100 指数于 2003 年年初发布，代表了深圳证券市场市值规模最大、成交最活跃的 100 家 A 股上市公司，是深市优秀企业的代表。深证 100 指数表征中国创新型、成长型龙头企业，历史收益表现好、流动性好、成长型高。深证 100 指数与深证成分指数、创业板综合指数共同构成深市"1+2"核心指数。

（二）其他指数

（1）中证规模指数。中证规模指数包括中证 100 指数（大盘指数）、中证 200 指数（中盘指数）、中证 500 指数（小盘指数）、中证 700 指数（中小盘指数）、中证 800 指数（大中小盘指数）和中证流通指数。这些指数与沪深 300 指数（大中盘指数）共同构成中证规模指数体系。

（2）上证 180 指数。上证 180 指数于 2002 年 7 月发布，选择总市值和成交金额排名靠前的股票，按照中证一级行业的自由流通市值比例，分配和选取 180 只固定样本，以自由流通股本为权重加权计算。这些公司核心竞争力强、资产规模大、经营业绩好、产品品牌广为人知，是上海证券市场上最具代表性的大型蓝筹股指数，是投资评价尺度和金融衍生产品标的的基础指数。

（3）上证 50 指数。上证 50 指数于 2004 年 1 月发布，是在上证 180 指数的样本股中挑选规模最大、流动性最好的 50 只股票，反映最具市场影响力的一批龙头企业的状况。

（4）上证 380 指数。上证 380 指数于 2010 年 11 月发布，代表了上海市场成长性好、盈利能力强的新兴蓝筹企业。这部分企业规模适中，具有成长为蓝筹企业的潜力，代表了国民经济发展战略方向和经济结构调整方向。它是在上证 180 指数之外的公司中，剔除亏损及近 5 年未分红送股公司，在行业内选取规模、流动性、成长性和盈利能力综合排名靠前的 380 家公司的股票作为样本股。

（5）上证 100 指数。上证 100 指数于 2012 年 4 月发布，是从上证 380 指数中选取营业收入增长率和净资产收益率综合排名靠前的 100 只股票作为指数样本，以突出反映上海

市场新兴蓝筹板块内核心投资股票的整体走势。

（6）上证150指数。上证150指数于2012年4月发布，是在上证180指数和上证380指数成分股之外，选择营业收入增长率、换手率综合排名前150名的股票作为指数样本，以集中反映潜力蓝筹板块内核心投资股票的整体走势。

（7）深证综合指数。深证综合指数于1991年4月4日发布，以在深圳证券交易所主板、中小板、创业板上市的全部股票为样本股，以样本股发行总股本为权数进行加权逐日连锁计算。深证综合指数反映了深圳证券交易所全部股票的价格综合变动情况以及市场总体走势。

（8）深证A股指数。深证A股指数于1992年10月4日发布，包含在深圳证券交易所主板、中小板、创业板上市的全部A股，以样本股发行总股本为权数进行加权逐日连锁计算。

（9）深证B股指数。深证B股指数于1992年10月6日发布，包含在深圳证券交易所上市的全部B股，以样本股发行总股本为权数进行加权逐日连锁计算。

（10）深证新指数。深证新指数于2006年2月16日发布，以在深圳证券交易所主板、中小板、创业板上市的非ST且已完成股改的A股为样本股，以样本股可流通股本数为权数进行加权逐日连锁计算。

> 想一想：请分析中证100、中证200、沪深300、中证500、中证700、中证800等指数之间的关联。

工作任务二　分时走势分析

分时图的表现方法同时适用于个股或大盘指数。但是在每个交易日的盘中，二者的分时图表现不同。大盘走势是个股走势的综合反映，也对每一只股票有重要的影响力。在对个股进行分析之前，不得不对大盘指数进行分析。在本任务中，我们将分析大盘指数和个股的分时走势图。

分时图是以分钟为时间单位的。指数分时图由指数走势线、领先指数走势线、分时量柱组成。个股分时图是由股价走势线、均价线、分时量柱组成。

认识不同的分时走势图

一、指数分时走势

上证综合指数，即上证指数，通常被称为大盘指数。指数采用加权平均法计算得来，因此例如"贵州茅台"这种股本总额大的股票对上证指数的涨跌贡献较大，大盘指数可以更好地反映出大盘类个股的平均走势情况。上证领先指数不采用加权法进行计算，因此，股本权重对该指数的影响力就减少很多，能更好地反映股本较小的中小盘类个股的平均走势情况。大多数情况下，中小盘股的走势与大盘走势趋于一致，但有时候市场行情分化，小盘股与大盘股走势涨跌并不一致，尤其是当大盘指数与领先指数出现偏离，偏离越大、分歧越明显，则股市后期的跌幅就越大。因此通过大盘指数走势线和领先指数走势线能够分别判断大盘类个股、中小盘类个股的涨跌情况，也能够根据两者走势的一致性程度预判后续的整体走势。

在图 2-4 中，左上角标注了指数名称为上证指数，虚线为上证领先指数线，实线为上证指数线，即上证指数的分时走势线。从图中可以看出，上证指数的昨收点位为 3582，收盘点位为 3589.09，上证领先指数的收盘点位为 3596.41。上证指数当天小幅低开之后向上拉升，之后指数一直保持在昨收点位之上，到下午 13:30 之后快速下跌，但下方有支撑，指数在 14:00 前开始反弹，当日收涨幅。虚线所代表的上证领先指数与上证指数的走势大体相同，但是有出现交叉。领先指数的走势情况为小幅高开，

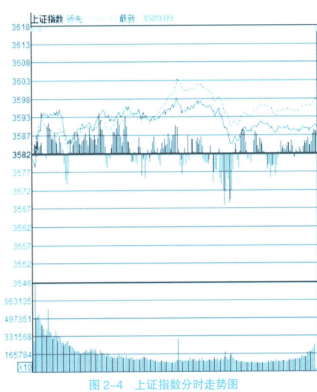

图 2-4　上证指数分时走势图

从开盘 7 分钟之内强于上证指数线，之后至上午 11:00 之前弱于上证指数线，11:00 之后走势强于上证指数线，最终收涨幅。比较上证指数与上证领先指数，开盘后领先指数首先居于上证指数上方，表明当天中小盘股开盘时的情况较好，但上午很长一段时间内，涨势不及大盘股，之后领先指数线拉升至上证指数线上方，表明中小盘股在上午 11:00 之后走势变强，且全天大部分时间都强于大盘股。从上证指数的分时走势图可以看出当天市场整体走势是偏强势的，其中小盘股走势更好一些。

分时走势图下方为分时量柱，表示每 1 分钟的成交量，单位是手。在行情软件中，量柱通常用红绿颜色来标注，当指数 1 分钟内收涨，分时量柱显示为红柱，收跌则显示为绿柱。所有的分时量加起来即为当日总手。从图中可以看出，当日早盘 1 小时内股票成交相

对活跃，此外还有午后开盘、收盘时成交量有放大，其他时间段成交相对比较平稳。

如投资者选择的是上海证券交易所上市的股票，则他应当更多地去关注上证指数；如果投资者选择的是深圳证券交易所上市的股票，则他应当关注深证成指的走势；同理，持有创业板股票的投资者应当关注创业板指的走势。

> **动一动：** 请查找当日上证指数、深证成指、创业板指的分时走势图，并比较不同。

二、个股分时走势

分时线是股票价格的实时走势，分时线的下方波动较为缓和的曲线是均价线。在分时图中，有的软件上方会显示"均价"，有的软件上方会显示"均线"，它们都是指均价线，它代表投资者的平均持股成本。根据均价线，可以分清多空双方力量。均价线向上运行，表明多头占优势。均价线向下运行，表明空头占优势。均价线对分时线有助涨助跌的作用。股价上涨，均价线不断上扬，资金在上涨过程中流入，提高了平均持仓成本，又推高了股价。反之，当股价下跌时，则会造成买入成本降低，均价线向下移动，降低了平均的持仓成本。

均价线与分时图的下方为分时量，每1分钟的成交量大小用柱线的长短表示，个股分时图的零轴表示昨收价位。分时成交量的细线越长，说明多空双方交易积极。在图2-5中，分时图上方标注了"均价4.26"，表示该股票当日平均价格为4.26元，"最新4.26"则表示目前时间点股价的实时价格为4.26元，此外，波动大的线为分时线，波动小的线为均价线。图中渝农商行当日股票价格走势非常平缓，股价围绕分时均价线上下波动，最终收平。

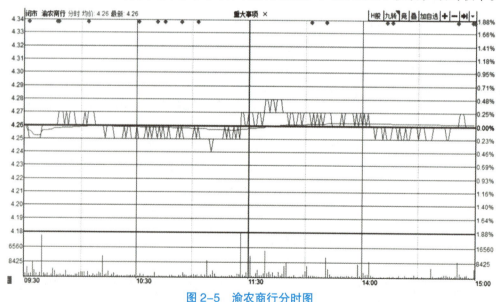

图2-5　渝农商行分时图

（一）分时线与均价线的表现形式

分时线与均价线的不同表现，可以大致分为以下几种：

第一，分时线与均价线重合。当分时线与均价线重合时，一般是股价出现极端的情况，比如一字涨停或一字跌停，也就是当天分时线在涨停板或跌停板上保持不变，如图2-6所示，迪生力当天涨停，股价全天维持在10.05%的涨幅。

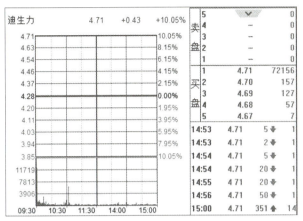

图2-6　迪生力分时图

第二，分时线当天大部分时间都保持在均价线上方。这通常是股票当天比较强势的表现，例如图2-7和图2-8的两个股票的分时线在早盘从均价线下方开始向上突破，之后股价一直强势，保持在均价线上方，说明此时均价线的支撑作用很强，投资者对该股票比较认同，在分时线回落到均价线附近时就买入，继续推动股价上涨。从案例皖通科技和火星人的对比又可以看出，皖通科技的分时线在快速的拉升过程中有多次回档，回档之后强劲拉升涨停，拉升的速度和幅度都大于火星人。火星人的分时线在当天上午比较强劲，但是下午走势不能延续，开始走向横盘震荡，但是从涨幅来看，这种走势也是不错的。因此基于分时图，开盘后半小时内股价突破均价线并保持在均价线上方的股票有较大概率走强。

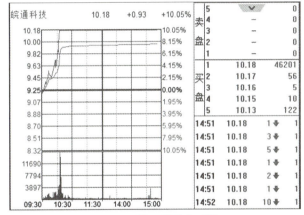

图2-7　皖通科技分时图

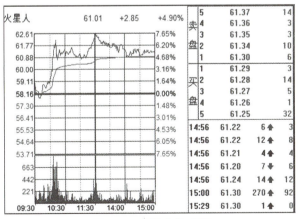

图2-8　火星人分时图

第三，分时线当天大部分时间都保持在均价线下方。这种情况是股票当天弱势的表现，如图2-9的股票，当天股价开盘10分钟内迅速跳水，之后一直无法靠近均价线，最终收跌，说明该股票在均价线处存在较大压力，难以上涨。这种分时线与均价线的表现形式易形成高开低走，低开低走的走势，可以在早盘避免买入此类股票。

图 2-9　药易购分时图

（二）分时走势研判

分时走势的变动情况能够给投资者提供后续走势的判断依据。

第一，当股价处于近期的高位，当日分时线触及高价之后回落，最高价与收盘价之间的涨跌幅差距越大，则之后交易日股价下跌的可能性越大。例如图 2-10 方正证券，早盘分时线触及最高 6.6％的涨幅，之后股价走弱，最终收盘 –7.4％，最高价与收盘价的涨幅差距是 14％。当日对应的 K 线在图 2-11 左边箭头处，可以看到从第二个交易日开始该股持续下跌了很长一段时间。事实上，在图 2-11 右边箭头处的分时走势也类似，第二个交易日及之后也经历了一段时间的下跌。另外，当股价当天触及了涨停价，但收盘并没有封住涨停，收盘价与涨停价差价越大也越可能有不良预期走势。

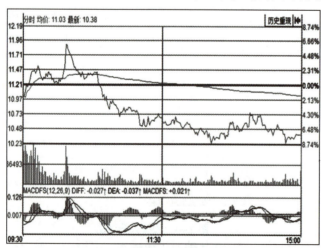

图 2-10　方正证券分时走势图

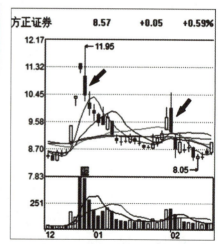

图 2-11　方正证券日 K 线图

第二，当股价处于近期的低位，当日触及低价后拉升，最低价与收盘价之间的涨跌幅差距越大，则之后交易日上涨的可能性越大。例如图 2-12 道氏技术，早盘触及了最大 -4.5% 的跌幅，之后股价回升，最终收盘 0.8% 的涨幅，收盘价与最低价的涨幅差距是 5.3%。图 2-13 中箭头处为分时走势图对应的当日 K 线，可以看到从第二个交易日开始该股持续上涨了一段时间。

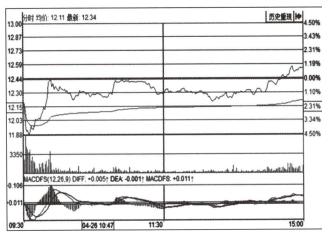

图 2-12　道氏技术分时走势图

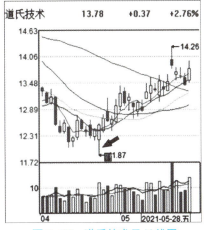

图 2-13　道氏技术日 K 线图

第三，股票开盘即跌停，且全天价格保持不变，封板时间长，分时量成交低迷，表明投资者对股票并不看好，这样的分时走势及分时量也会带来第二个交易日的惯性下跌。图 2-14 中 *ST 聚龙因当日被实施退市风险警示而披星戴帽导致股价跌停，当天早盘开盘后 2 分钟成交量相对较大，但是之后成交量很小。在图 2-15 箭头处的第二天股价惯性下跌之后反弹，当日最终收跌。图 2-16 和图 2-17 的 *ST 园城也同样因为当日被实施退市风险警示开始跌停，分时走势与前者相似，在箭头处之后的第二天开始连续跌停，最终在第八个跌停板处触底反弹。相反，如果股票开盘即涨停，且全天价格保持不变，封板时间长，分时量成交小，表明投资者对股票一致看好，后续第二个交易日继续冲高的可能性大。股价达到涨跌停板后，如果分时成交量放大则可能会打开涨跌停板，当天继续涨停或跌停的可能性就变小。相反，股价达到涨跌停板后，如果分时量一直比较小，则当天有很大概率继续涨停或跌停。对比当天收盘涨停的股票，一般认为开盘后更早时间涨停的股票，其后续上涨动能更大，而更晚时间涨停的股票，其后续上涨的动能相对小一些。同理，对比当天收盘跌停的股票，一般认为开盘后更早时间跌停的股票，其后续下跌动能更大，而更晚时间跌停的股票，其后续下跌的动能相对小一些。而涨跌停的股票在分时图涨跌停板上反复开板、封板，有时候可能是后续上涨或下跌动能不足的表现，也有可能是主力洗盘行为。

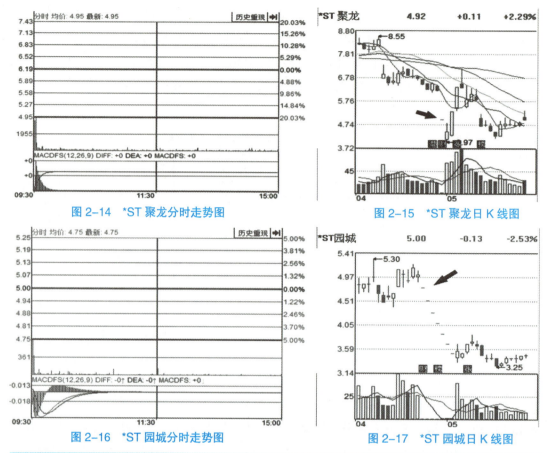

图 2-14 *ST 聚龙分时走势图

图 2-15 *ST 聚龙日 K 线图

图 2-16 *ST 园城分时走势图

图 2-17 *ST 园城日 K 线图

动一动：请查找 3 只一字涨停的股票，对比它们第二天的走势有什么不同。

第四，分时线突破横盘走势时，可作为买入点或卖出点。分时线处于横盘走势时，说明该股票波动幅度小，无明显走势，横盘是变盘的前奏，横盘时间越久，积累的力量就越大，因此在横盘结束后，会选择一个趋势方向。从图 2-18 怡亚通的分时走势图可以看出，当天开盘后 1 小时该股票分时线处于横盘走势，在均线上下波动，后在箭头处突破原有的横盘走势，上破均价线，回踩之后确认向上突破，股票快速拉升。从图 2-19 可以看出博俊科技在箭头处向下突破原先的横盘走势后，分时线快速向下，快速收跌。

第五，增加多日分时判断走势。通过分析近几天的股价走势，可以做出更全面的交易判断。例如在图 2-20 的上方箭头处点击"+"号，每点击一次，增加显示前一日的分时图。第二个交易日的横盘延续到第三个交易日，说明积蓄的上涨动能更强了，因此再次突破拉升后涨幅很大。

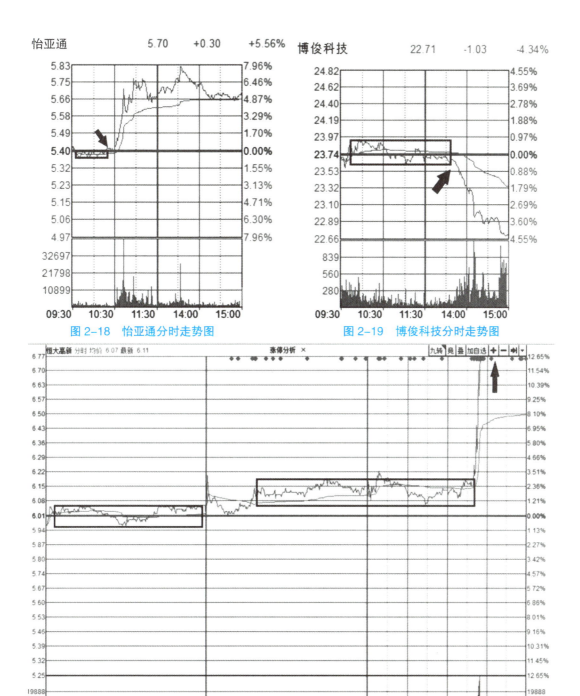

图 2-18 怡亚通分时走势图

图 2-19 博俊科技分时走势图

图 2-20 恒大高新多日分时图

动一动：请查找分时线向上突破横盘走势的个股案例，观察其后续走势是不是与预期一致。

工作任务三 识别盘口变化

分时走势图除了均价线、分时线、成交量等指标以外，分时图右侧还会出现一些盘口的数据，这些数据也不能忽视，因为它们对投资者分析行情有着重要的作用。

一、卖盘与买盘分析

从卖盘和买盘的委托情况可以看出当日股票交易的活跃程度及买卖双方的力量对比。当买盘的委托数量多，相邻委托价差价小，不断有新的更高的委托价格出现时，通常表示投资者看好股票，后续涨的概率大。当显示的买方委托价格差价比较大时，表明愿意买入的投资者不多，通常容易造成价格的突然下跌。当卖盘委托的数量多，相邻委托价差价小，不断有新的更低的委托价格出现时，通常表示投资者看空股票，后续跌的概率大。当显示的卖方委托价格差价比较大时，表明愿意卖出的投资者不多，通常容易形成价格的突然拉升。

以图 2-21 恒大高新的分时图为例，它在当天下午分时线横盘突破，分时线迅速站上均价线，并快速拉升至涨停。委比是衡量买卖盘相对强度的指标，取值范围为 -100% 至 +100%，从右边的盘口信息可以看出，委比为 100%，说明此时委托卖出数量为 0，投资者均不愿意卖出股票，即委托买入的数量占了委买量加委卖量的全部比重，即买方力量远大于卖方。尾盘以买一价委托的数量为 152548 手，数量很大，资金约 1.03 亿元，当天封涨停板后没有开板。从图 2-22 可以看出，恒大高新当天最高封单金额是 1.47 亿元，尾盘的封单金额约是其七成，变动不是很大，预示着投资者看好该股票走势。涨停板的成交金额为 6288 万元，当日总成交金额为 1.78 亿元，说明当日以高价成交的比例比较大，当日的均价线被推高。买二档至买五档申报的委托价格为连续的价格，且均有不同数量的挂单。

二、盘口相关信息解读

股票最新价即为现价。股票的市场价格也比较重要，市场上的最高股价曾达到每股 2000 元以上，大部分股票的价格一般都会高于每股 1 元。对于价格特别低的股票尤其要谨慎购买，因为根据我国《证券法》的规定，股票价格连续 20 个交易日每日收盘价低于面值（面值一般为1元），会面临强制退市风险。开盘价为当日早上9:25集合竞价确定的价格。图2-21中显示涨跌为0.62元，可以推出昨收价即为6.77元−0.62元=6.15元。将总手与过去几个交易日的总手做对比，该股票当日总手为27.35万手，是22个交易日以来的最大成交量，可见成交量当日放大。一般情况下，量比的取值范围为0.8～1.5。该股票的量比为4.14，说明此时股价的成交量显著增长，多空双方的交易非常活跃。一般情况下，除了新上市的股票以外，个股的换手率均在3%以下。该股票换手率为12.71%，说明股票买卖十分活跃。

通过市盈率的对比，可以分析股票的价格与行业内公司相比是否比估值高，也可发现其获利能力的变化。该股票静态市盈率显示亏损，则意味着去年年报的净利润为负的，而动态市盈率为48.84，则意味着季报的净利润是正的。对比同行业内的不同上市公司的TTM市盈率（12个月滚动市盈率），发现恒大高新的TTM市盈率仍为亏损，行业排名11，行业中值为32.79，表明该公司的业绩水平在行业内较差，尤其在过去一年，情况比较糟糕，但一季度有所好转。从恒大高新的总市值与流通股来看，市值较小，属于小盘股。小盘股因市值较小，资金进入后容易控盘，这也是小盘股易被拉升涨停、日常波动比大盘股大的原因。

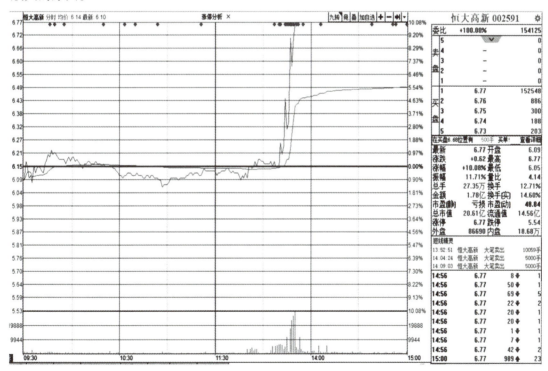

图2-21 恒大高新分时走势图

涨停与跌停表明当日的委托可申报的价格范围，方便投资者在合理范围内下单。恒大高新的最新价与涨停价一样，则表示今日该股涨停。该股的外盘显示 86690 手，内盘显示 18.68 万手，外盘与内盘的和即为总手。内盘指的是卖方主动出了买一价与买方成交的数量，外盘指的是买方主动出了卖一价与卖方成交的数量。从数量上看，内盘远大于外盘，也就是卖方主动出价与买一价匹配的数量更多，主动性卖盘比较多。在本例中，买方出涨停价的申报买入量很大，卖方一旦出价，即会以涨停价与买方成交，此时成交量均计入内盘。从短线精灵小窗可以看到，恒大高新在封涨停板后，有大单卖出共计三次，分别为 10059 手、5000 手、5000 手，共计 1357.99 万元，占涨板成交量的 21.6%，占比不算很大。大单一般为机构所为，机构卖出过多是一种不良信号。

ⓘ 涨停分析:节能环保+今日头条概念
当前封单金额:1.03亿
封单占成交量:55.78%
最高封单金额:1.47亿
涨停板成交金额:6288万

图 2-22　恒大高新涨停分析

动一动：选择模拟炒股的一只股票，对其进行盘口分析。

实 战 演 练

1. 请点开行情软件，查看当日上证指数、深证成指、创业板指的分时走势及盘口信息，对走势进行分析，并记录下列信息。

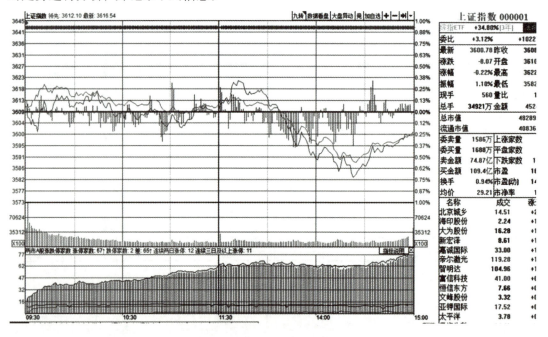

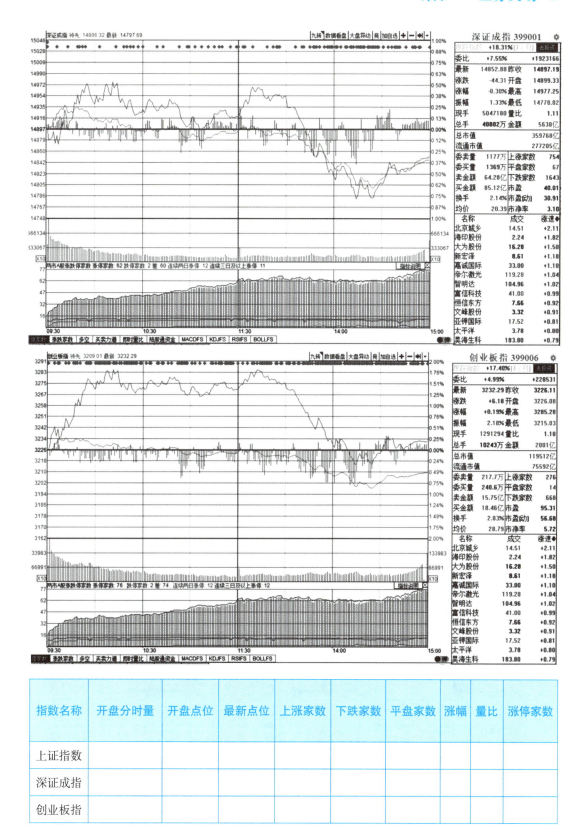

指数名称	开盘分时量	开盘点位	最新点位	上涨家数	下跌家数	平盘家数	涨幅	量比	涨停家数
上证指数									
深证成指									
创业板指									

2. 请分组对贵州茅台的分时走势及盘口信息进行分析与记录。

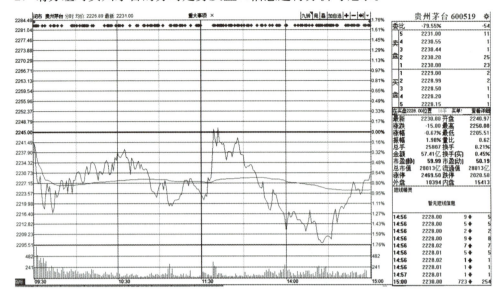

内容	分析结果
分时走势的情况分析	
外盘与内盘的成交情况分析	
委比、量比、换手等分析	
市盈率与同行业的对比分析	

3. 在行情软件中设置多窗→多股同列→6股，对任意6个股票分时走势图进行分析比较，并记录下列信息。

范例：

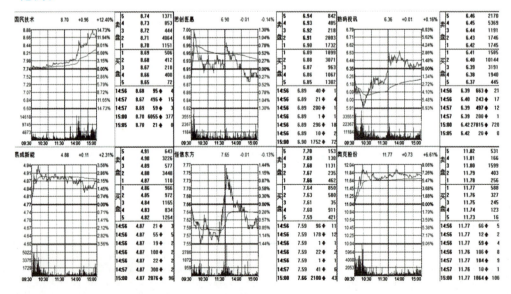

序号	简称	根据分时线与均价线关系判断强弱	涨跌幅%	总体走势（强、弱、中）	操作方法
1	国民技术	强	12.4%	强	向上突破横盘均价线时买入
2	思创医惠	弱	−0.14%	弱	观望
3	数码视讯	强	0.16%	中	向上突破均价线时买入
4	易成新能	弱	2.31%	中	观望
5	恒信东方	弱	−0.13%	弱	观望
6	奥克股份	强	6.61%	强	向上突破均价线时买入

序号	简称	根据分时线与均价线关系判断强弱	涨跌幅%	总体走势（强、弱、中）	操作方法
1					
2					
3					
4					
5					
6					

课 后 习 题

一、单项选择题

1. 深圳证券交易所现行的收盘集合竞价时间为每个交易日的（　　　）。

A．14:50—15:00

B．14:57—15:00

C．14:58—15:00

D．14:56—15:00

2. 关于委托指令的分类，说法错误的是（　　　）。

A．根据委托订单的数量，有整数委托和零数委托

B．根据买卖证券的方向，有买进委托和卖出委托

C．根据委托价格限制，有非限价委托和限价委托

D．根据委托时效限制，有当日委托、当周委托、无限期委托、开市委托、收市委托

3．沪深 300 指数属于（　　　　）指数。

A．大盘 　　　　　　　 B．中盘 　　　　　　　 C．小盘 　　　　　　　 D．大中盘

二、多项选择题

1．证券交易所内的证券交易按（　　　　）原则竞价成交。

A．数量优先 　　　 B．价格优先 　　　 C．时间优先 　　　 D．信用优先

2．非柜台委托包括（　　　　）。

A．人工电话委托 　　 B．传真委托 　　 C．网上委托 　　 D．电话自动委托

3．关于上证综合指数，下列说法正确的是（　　　　）。

A．于 1991 年 7 月 15 日发布，是上海第一只反映市场整体走势的旗舰型指数，也是中国资本市场影响力最大的指数。

B．样本只包含 A 股在上交所全部上市股票，不包括 B 股。

C．样本包括在深圳证券交易所上市的所有股票。

D．上证领先指数不采用加权法进行计算。

三、判断题

1．市盈率将每股收益与股价联系起来，帮助我们更好地看清股票当前的估值状态是高估还是低估。　　　　　　　　　　　　　　　　　　　　　　　　　　（　　　）

2．分时线代表了真实的股价平均成交价格，用某一交易日的成交总额除以成交总量就得到了这条线。　　　　　　　　　　　　　　　　　　　　　　　　　　（　　　）

3．量比的计算方法是将当日每分钟平均的成交量除以过去 5 日的每分钟平均成交量，再乘以当日的交易时间。　　　　　　　　　　　　　　　　　　　　　　（　　　）

四、简答题

1．请结合当日指数的分时图走势与个股的分时图走势，判断是否适合买入，并给出理由。

2．对持仓的股票，观察其分时图及盘口信息，判断是否适合卖出或补仓，并给出理由。

项目三 证券投资基本面分析

学习目标

◆ 理解基本面分析的内涵。
◆ 掌握宏观经济分析的主要数据分析。
◆ 掌握行业分析的主要方法。
◆ 掌握公司分析的主要方法。

关键词：基本面分析、宏观经济分析、行业分析、公司分析

思维导图

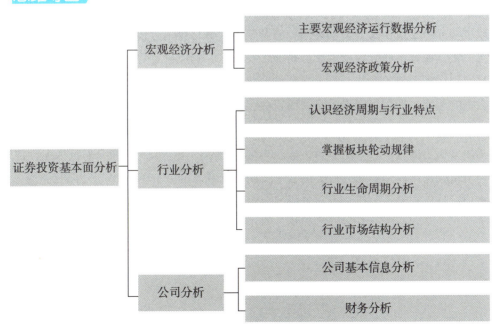

案例导读

360 借壳江南嘉捷

江南嘉捷作为 2017 年不可忽视的一只股票，引发各路人士的关注。许多股民表示原来套在这只股里面的资金都随着"360 借壳"这一重大利好而重见天日。

对于这样的一只股，公司的基本面彻底发生了改变，导致股价短期内大涨，如果单纯进行技术分析的话，你是无法预测到的。这告诉我们，技术分析对于股价走势有一定的预测作用，但是，许多影响股价的利好利空因素也是不可忽略的，而这与我们要了解的基本面分析密切相关（见图 3-1）。

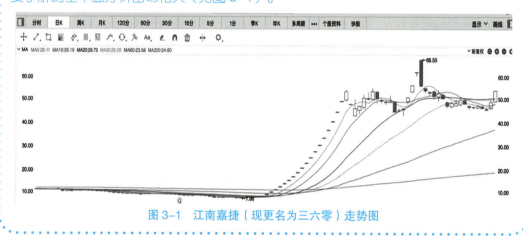

图 3-1 江南嘉捷（现更名为三六零）走势图

股市的分析手段主要分为基本面分析和技术分析，技术分析更加侧重于已有的市场交易情况变化，而基本面分析着力于分析能够在未来影响股价走势的各种因素。这些因素可以来自宏观经济形势的变化，行业发展的变化，也可以来自公司管理层的某项决策，公司财务数据的改变，即公司因素本身，而这些因素的变化往往导致市场交易产生改变，多空双方力量发生改变，从而呈现在股价变化上。因此，技术分析和基本面分析是相辅相成的，但基本面分析更像是"因"的分析，而技术分析是从"果"出发。在交易行为上，技术分析偏向于短线操作，基本面分析更适合中长期投资者。

本项目从宏观经济分析、行业分析、公司分析三个方面来讲解基本面分析。

模块一 宏观经济分析

工作任务一 主要宏观经济运行数据分析

宏观经济分析主要是通过研究经济指标和经济政策来判断其对证券市场的影响。与股市关系较密切的宏观经济数据有：国内生产总值（GDP）、通货膨胀率、利率、汇率等。

一、国内生产总值（GDP）

国内生产总值 (Gross Domestic Product) 简称为 GDP，是一个国家（或地区）所有常住单位在一定时期内生产出的全部最终产品和劳务的价值总和。一国经济的表现可用 GDP 的增长率来表现，而各个国家因为经济发展程度不同，增长率表现不同。以美国来说，3% 的增长率是理想水平，若是高于此水平则可能导致通胀。图 3-2 是我国 2000 年至 2019 年的 GDP 数值、沪市总市值与同期上证指数之间的关系。从曲线的变化来看，我国 GDP 数据一路上升，但上证综指指数在经历 2008 年的暴跌后几乎未曾大幅增长。因此，股市与 GDP 并非成绝对正比的关系。

认识 GDP

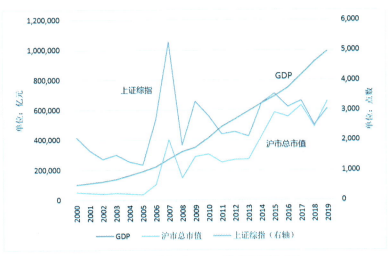

图 3-2 上证指数与 GDP 增速的数据对比

65

GDP数据并不是针对股市而产生的指标，它是一个衡量国家整体经济运行状态的指标，它的增减对股市并不产生直接的影响。一般来说，一国GDP增长率高，意味着国民收入增加、国内需求水平提高；同时，也意味着劳动生产率的提高和生产成本的降低，使本国产品竞争力得到改善，这对股市而言是一大利好消息。在总体经济运行良好、物质生产蓬勃有力的基础上，股市从理论上来说应趋于稳定的上升通道。

二、通货膨胀率

（一）概念

通货膨胀指货币供给大于货币实际需求，从而引发货币贬值，使人们感觉同样的钱能买的商品变少了，物价持续而普遍上涨的现象。例如年初时去超市买一篮子商品消费100元，年末买同样的商品消费108元，那么通货膨胀率为8%。

通常衡量通货膨胀的价格指数主要有两个：消费者价格指数（CPI）和生产者价格指数（PPI）。我们一般在谈论通货膨胀的时候，都是以消费者价格指数即CPI的变动来代表物价上涨的程度。

案例导读

CPI 同比涨幅连续 9 个月处于"1"时代

国家统计局（2018年）1月10日公布的数据显示，2017年12月，CPI同比上涨1.8%，环比上涨0.3%。全年来看，CPI同比涨幅连续9个月徘徊于"1"时代。

"从环比看，CPI上涨主要受食品价格上涨影响。食品价格环比上涨1.1%，影响CPI环比上涨约0.22个百分点。天气转冷，鲜活食品价格明显上涨。"国家统计局城市司高级统计师绳国庆分析说，2017年，食品价格下降1.4%，是自2003年以来首次出现下降，主要受猪肉和鲜菜价格下降较多影响。非食品价格上涨2.3%，涨幅比上年扩大0.9个百分点，其中，工业消费品价格上涨1.7%，服务价格上涨3.0%。

从近期来看，受春节临近及寒冷天气等季节性因素影响，食品价格将有所上涨从而推升CPI涨幅。

有分析人士认为，寒冷天气等季节性因素对于CPI而言只是短期扰动，影响CPI的核心因素仍是猪价及原油价格走势。目前猪粮比仍处于高位，成本端压力不明显。原油方面，随着一些不稳定因素的消退，价格依然"上有顶"。2018年不会出现明显的通胀压力。

多位专家也预计，在较低基数的基础上，2018年物价涨幅较2017年将有所扩大，但通胀水平总体温和。

> **想一想**：通过上述案例你了解到 CPI 是什么？它主要受哪些因素影响？案例中 CPI 数据告诉了你哪些信息？

1. 消费者价格指数（CPI）

（1）CPI 的概念。消费者价格指数（Consumer Price Index）简称 CPI，是对一个固定的消费品篮子价格的衡量，主要反映消费者支付商品和劳务的价格变化情况，也是一种度量通货膨胀水平的工具。CPI 是一个滞后性的数据，但它往往是市场经济活动与政府货币政策的一个重要参考指标。2021 年 2 月 10 日，国家统计局发布了以 2020 年为基期的全国 CPI 数据，这是本次基期轮换后的首次数据发布。CPI 构成的 8 个大类保持不变，仍为食品烟酒、衣着、居住、生活用品及服务、交通通信、教育文化娱乐、医疗保健、其他用品及服务。但与上轮基期（2016 年—2020 年）相比，新基期各大类权数有所变动（见表 3–1）。

表 3–1　2021 年最新调整的 CPI 8 个大类权数变动

8 个大类	权数变动	项目
食品烟酒	–1.2%	粮食、食用油、鲜菜、畜肉类、水产品、蛋类、奶类、鲜果、烟草、酒类
衣着	–1.7%	服装、鞋类
居住	+2.1%	租赁房房租、水电燃料
生活用品及服务	—	家用器具、家庭服务
交通通信	+0.9%	交通工具、交通工具用燃料、交通工具使用和维修、通信工具、通信服务、邮递服务
教育文化娱乐	–0.5%	教育服务、旅游
医疗保健	+0.9%	中药、西药、医疗服务
其他用品及服务	–0.4%	其他用品及服务

（2）CPI 对股市的影响。一般说来，当 CPI 出现小于 10% 的增幅时，被称为温和的通货膨胀；当 CPI 的增幅达到两位数时，被称为严重的通货膨胀；当 CPI 的增幅达到三位数时，则被称为恶性的通货膨胀。

如果 CPI 升幅过大，央行就会有紧缩货币政策和财政政策的反应，从而造成经济前景的不明朗和股市资金的撤离。所以，每当国家统计局公布月度 CPI 数据时，都会在当时的股市上引起一些波动，尤其是在市场低迷的时候。但在国家没有采取紧缩银根的政策之前，通常 CPI 的上涨都会导致股价上扬，因为多数上市公司的库存商品价值和出售价格都会提升，导致名义利润大幅增长，进而导致股票价格提升，比如生猪肉销售价格的持续上涨会促使养猪企业的股价大幅上涨。此外，CPI 增长也会导致居民银行存款收益出现负增长，为了保值和增值的需要，很多资金将会涌入债券、股票和纸黄金等市场，从而激活整个资本市场。

综上所述，CPI 的温和增长对整个经济的运行是一件好事，但是，如果 CPI 增长过快或累计增长过多，则会对整个经济运行带来诸多不利的影响。在利用 CPI 数据分析股票走势时应重点关注物价上涨较快或降价较快的领域，具体问题具体分析。

2. 生产者价格指数（PPI）

案例导读

PPI 方面，从 2017 年 12 月数据来看，PPI 环比上涨 0.8%，同比上涨 4.9%，同比涨幅比上月回落 0.9 个百分点，连续两个月呈现回落态势。

"PPI 同比涨幅在 2017 年 2 月达到 7.8% 的阶段高点，随后持续回落，2017 年 12 月降至 4.9%。具体到行业，煤炭开采、化学原料、黑色冶炼行业 PPI 同比涨幅分别于 2017 年 4 月、2 月、2 月见顶。重化工业利润增速也于 2017 年年初见顶。"—德期货宏观经济分析师肖丽娜对期货日报记者说，2018 年 PPI 将保持增长态势，但涨幅将有所收窄。

申万宏源证券首席宏观经济学家李慧勇表示，PPI 主要受原油、煤炭及钢铁产业链的影响，预计 2018 年供给侧结构性改革仍将继续推进，煤炭钢铁价格仍将维持高位，世界经济持续复苏将推动原油价格上涨，总体上 PPI 将维持涨势。不过，伴随着基数提高，PPI 涨幅将会回落。

（1）PPI 的概念。生产者价格指数（Producer Price Index）简称 PPI，是衡量工业企业产品出厂价格变动趋势和变动程度的指数，是反映某一时期生产领域价格变动情况的重要经济指标，也是制定有关经济政策和国民经济核算的重要依据。PPI 与 CPI 不同，主要的目的是衡量企业购买的一篮子物品和劳务的总费用。由于企业最终要把它们的费用以更高的消费价格的形式转移给消费者，所以，通常认为 PPI 的变动对预测 CPI 的变动是有用的。

（2）PPI 的统计。PPI 共调查 9 大类商品：燃料、动力类；有色金属类；有色金属材料类；化工原料类；木材及纸浆类；建材类（钢材、木材、水泥）；农副产品类；纺织原料类。

（3）CPI 与 PPI 差值与股市的关系。CPI-PPI 的差值反映的是企业盈利增长情况。实证研究发现，CPI-PPI 对于工业企业利润有较强的领先作用。CPI-PPI 指标也与经济整体增长速度呈较强的相关性。CPI-PPI 的差值越小，也就是 CPI-PPI 指标走势向下，说明企业经营成本增加，企业利润被压缩，企业利润增长速度下降，经济增长趋缓；CPI-PPI 的差值越大，也就是 CPI-PPI 指标走势往上，说明企业利润在反弹，企业利润增长速度上升，经济增长动力强劲。从研究中发现，股市涨跌与企业盈利增长趋势线基本吻合，区别只是涨跌幅度。当企业盈利增长处于上升期时，股市表现为上涨；而当企业盈利增长处于回落期时，股市无一例外均为下跌。CPI-PPI 指标反映的正是企业盈利增长情况，因此，CPI-PPI 指标对于股市涨跌有领先作用（见图 3-3）。

图 3-3　CPI-PPI 与上证指数走势对比图

（二）总结

通货膨胀率的提高，往往是流通市场里货币供应增多的结果，而货币供给量对股票价格的影响是多方面的。

CPI 和 PPI 意味着什么

（1）在通货膨胀初期，货币供给量增加，可以促进生产，扶持物价水平，阻止商品利润下降，也可使更多的闲散资金进入股市，促进股票市场繁荣。

（2）货币供给量持续增加，企业的生产成本提高，利润前景不乐观，此时，政府会提高利率水平，从而使股价下降。

（3）CPI-PPI 指标对于股市涨跌有领先作用。

三、利率

在金融学理论中，利率通常被看作宏观经济的"指挥棒"，而股票市场则是宏观经济的重要组成部分。所以从这一点上看，利率和股市之间必然会具有密不可分的关系。2007 年 5 月 18 日晚上，中国人民银行宣布将金融机构一年期存款基准利率上调 0.27 个百分点，马上就引发第二天的股市波动。因为存款基准利率的上调会给外界传达出这样一个信息：政府要加强金融调控力度，防止经济增长从偏快转为增长过热，并希望给火爆的资本市场降降温。

不过需要指出的是，利率调整对股市走势的作用并不一定都会如此直接，两者之间的影响作用非常复杂。从历史上看，1996 年 5 月的利率下调对我国股市的冲击最大，随后接下来 5 次利率下调冲击作用就较弱。这表明降低利率对股市资金供给的影响作用不大。

有人甚至总结出这样的规律：利率上调从短期来看对股市的负面影响较大；从中期来看这种影响究竟如何就比较难判断；从长期（3 个月以上）来看则会转变成正面影响。

在股市发展的过程中，也有一些相对特殊的情形。当形势看好，股票行情暴涨的时候，利率的调整对股价的控制作用就不会很大。同样，当股市处于暴跌的时候，即使出现利率下降的政策调整，也可能会使股价回升乏力。

一般认为，金融因素是影响股票价格最敏感的因素，而在金融因素中，利率的调整对股市行情影响最直接、最迅速。有人用格兰杰因果检验方法研究发现，利率调整会在一个相当长的时期内影响股市走势；相反，利率调整政策的制定却不需要受股市走势的影响。具体地说，利率政策对股市的长期走势影响表现为：股票价格与利率呈反比关系——提高利率，股票指数会下跌；降低利率，股票指数会上涨。

股票价格变动方向为什么会和利率调整呈反方向呢？原因是：

第一，利率的上升，会增加上市公司借款成本，提高贷款难度，这样就必然会挤占公司利润、压缩生产规模，导致未来股价下跌；反之亦然。

第二，利率上升时，投资者用来评估股票价格所用的折现率也会调高，股票内在价值会因此下降，导致股票价格相应下跌；反之亦然。

第三，利率上升时，一部分资金会从股市撤出转而购买债券或存入银行，从而减少股市中的资金流通量，这种股市"失血"会导致股市下跌；反之亦然。

既然利率调整与股票价格变动之间存在着上述关系，那么，投资者就有必要密切关注利率调整的时间、方向和力度。如果可能，还要对利率调整做出预测，以便抢先一步进行股票买卖。

四、汇率

案例导读

2005年，我国实行了汇率政策改革，不再被动跟踪美元，实行了以供求关系为基础、参照一揽子货币的有管理的浮动汇率制度。这促使了人民币持续的升值，使得以人民币计价的境内资产价格明显上涨，这引发了海外资金的不断流入，这使得2005年产生一波大牛市。但在2015年，汇率从6.1∶1回落到接近7∶1，人民币不断贬值，股市也处于不断下跌之中。

摘自《汇率波动对股市影响几何》

汇率是指两国货币相互兑换的比率，汇率的变动意味着本国货币相对于另一种货币的升值和贬值。它对经济和股市的影响比较复杂，通常体现为以下几个方面：

（1）本币贬值，本国产品竞争力增强，出口型企业收益增加，因此企业的股票和债券价格将会上涨；相反，进口型企业成本增加，利润下降，股票和债券价格下降。同时，汇率上升、本币贬值将导致资本流出本国，资本的流失将使本国证券市场需求减少，从而使证券价格下跌。

（2）本币升值，本币表示的进口商品价格提高，进而带动国内物价水平上涨，引起通货膨胀。为维持汇率稳定，政府可能运用外汇储备，抛售外汇，从而将减少货币的供应量，使证券市场的价格下跌，直到汇率回落并恢复均衡。相反的效应可能使证券价格回升。如果政府利用债市与汇市联动操作达到既控制汇率的涨势，又不减少货币供应量的目的，即抛售外汇的同时回购国债，这将使国债市场价格上涨。

（3）本币贬值可使等量的外币购买到更多的劳务和生产原料，引起国外资本流入国内。如果这种贬值是暂时的，那么流入的国外资本投入后就会随着货币升值而增值，这可能吸引长期资本流入该国。但如果贬值是长期的，它对资本流入的作用刚好是相反的。

工作任务二　宏观经济政策分析

一、货币政策与证券市场

货币政策的主要方法是通过改变经济体系中的货币供给量来刺激经济或者给经济降温。主要手段有调节利率、调节法定存款准备金率、进行公开市场业务等。

如何通过网络了解货币政策

货币政策在执行上分为紧缩和宽松两种。紧缩的货币政策是指采用提高基准利率、提高再贴现利率、提高商业银行的存款准备金率、在公开市场中大量卖出有价证券等手段减少市场中的货币供给量；宽松的货币政策是指采用降低基准利率、降低再贴现利率、降低商业银行的存款准备金率、在公开市场中大量买入有价证券等手段增加市场中的货币供给量。

中国人民银行将我国货币供应量指标分为以下五个层次：

M0：流通中的现金；

M1：M0+企业活期存款+机关团体部队存款+农村存款+个人持有的信用卡类存款；

M2：M1+城乡居民储蓄存款+企业存款中具有定期性质的存款+外币存款+信托类存款；

M3：M2+金融债券+商业票据+大额可转让存单等；

M4：M3+其他短期流动资产。

M1-M2同比增长率的差值是反映股市资金供应的一个指标。若M1-M2的差值不断变大，说明存款活期化，企业和居民交易活跃，经济景气度上升。若M1-M2的差值不断变小，则表明企业和居民选择将资金以定期的形式存在银行，未来可选择的投资机会有限，经济运行回落。货币供应与股市之间的实证关系表明，M1-M2差值与上证指数呈现较为明显的正向关系。M1–M2 差值的拐点对股指有指示作用（见图 3–4，图 3–5）。

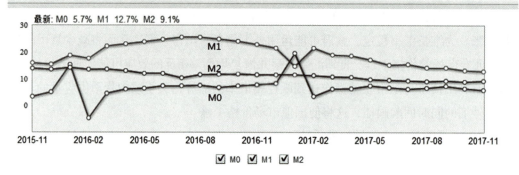

图 3–4　M0，M1，M2 走势图

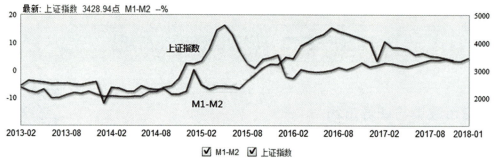

图 3–5　M1–M2 指标与上证指数走势对比图

利率工具对股市的影响

（一）利率

案例导读

利率市场对股市的影响

　　2008 年 10 月 9 日，央行存款利率为 5.58％（5 年年利率），当时沪市指数为 2100 点左右，而后央行存款利率一调再调，2008 年 10 月 30 日为 5.13，11 月 27 日为 3.87，12 月 23 日再次调整为 3.60。股市中表现出明显反应，股市从最低点 1600 点左右涨至近 2900 点。这一变化足以证明利率对股市直接的影响。

　　想一想：通过上述案例你了解到利率的升高和降低对股市有什么影响？根本原因是什么？

利率是货币政策的重要手段，由中央银行控制，通常，利率对股市的影响可以从三方面分析：

（1）当利率上升时，会增加公司的借款成本，减少公司筹措资金的数量，导致公司削减生产规模，减少未来利润。大众对此的预期反应就是股价会下跌，于是往往会出现股票被抛售的现象。

（2）当利率上升时，交易者据以评估股票价值的折现率就会提高，即现有股票的实际价值会下降，从而导致股票价格也会相应下降。

（3）当利率上升时，无风险的存款收益升高，于是一部分资金从风险巨大的股市转向银行这个避风港。股票市场的资金量减少了，股市的整体购买力就会下降，股价就会下跌。

反之，利率下跌有利于证券市场运行。

（二）存款准备金率

存款准备金是指金融机构为保证客户提取存款和资金清算需要而准备的在中央银行的存款，中央银行要求的存款准备金占其存款总额的比例就是存款准备金率。

当中央银行提高法定存款准备金率时，商业银行可提供放款及创造信用的能力就下降。因为存款准备金率提高，货币乘数就变小，从而降低了整个商业银行体系创造信用、扩大信用规模的能力，其结果是社会的银根偏紧，货币供应量减少，利息率提高，投资及社会支出都相应缩减。反之亦然。

打比方说，如果存款准备金率为7％，就意味着金融机构每吸收100万元存款，要向央行缴存7万元的存款准备金，用于发放贷款的资金为93万元。倘若将存款准备金率提高到7.5％，那么金融机构的可贷资金将减少到92.5万元。

因此，提高存款准备金率不利于证券市场运行，反之则有利。

（三）推行公开市场业务

案例导读

央行时隔12个交易日重启公开市场操作

新浪财经讯（2018年）1月10日消息，央行时隔12个交易日重启公开市场操作。中国央行公开市场今日将进行600亿元人民币7天期逆回购操作。将进行600亿元人民币14天期逆回购操作。今日将有1200亿元逆回购到期。

由于吸收央行逆回购到期等因素后，银行体系流动性总量处于适中水平，1月9日央行不开展公开市场操作。当日有1300亿元逆回购到期，全天净回笼1300亿元。自此，央行已连续第12日不进行公开市场操作。由于逆回购的到期，市场已累计净回笼资金超万亿元。

想一想： 通过上述案例你了解到央行进行国债逆回购的目的是释放资金还是回笼资金？

公开市场业务是指中国人民银行通过买进或卖出有价证券，目的不是为了盈利，而是为了调节货币供应量。根据经济形势的发展，当中央银行认为需要收缩银根时，便卖出证券，相应地收回一部分基础货币，减少金融机构可用资金的数量；相反，当中央银行认为需要放松银根时，便买进证券，扩大基础货币供应，直接增加金融机构可用资金的数量。比如国债，当国家需要抑制股市时，会通过发行巨额国债来回笼资金。

公开市场业务具有主动性、灵活性和时效性等特点。中国人民银行公开市场业务债券交易有回购交易和现券交易两个品种。公开市场业务操作原则上每周进行一次，同时根据商业银行的大额资金要求和实际情况，进行专场交易。

二、财政政策与证券市场

案例导读

财政政策对证券市场产生一定的影响，（2008年）金融危机以来政府不断提高转移支付水平，创造更多的社会福利条件。如出口退税，家电下乡政策。这些优惠政策会使一部分人的收入水平和购买力水平提高，从而增加社会总需求，带动经济的发展，从而间接促进证券指数上升。

在金融危机爆发后，我国政府出台了庞大的4万亿投资计划，国务院批准了10个重点产业的调整和振兴规划。这样宏伟的计划对社会总需求产生的乘数效应和挤出效应可以直接刺激经济，进而刺激股市。4万亿计划带动水泥、钢铁、建材等行业的发展。其中一只题材股600293三峡新材，自计划出台后已经上涨近一倍。由此可见，财政政策对证券市场影响深远。

某些政策也会使证券市场受到负面影响，比如2007年被称为530的大跌，就是因为出台上调印花税的政策。（2007年5月30日股市跌价，也就是530大跌。那次是因为印花税突然宣布上调所致。当日大盘跌281点，跌幅6.5%，沪深两市逾千家股票跌停。）

思考：通过上述案例你了解到哪些财政政策手段？这些财政政策手段对证券市场有怎样的影响？

财政政策分为扩张性财政政策、紧缩性财政政策和中性财政政策，主要通过税收、国债以及财政补贴等手段来实现。

（1）扩张性财政政策，又称积极的财政政策，通过降低税率、增加国债、支出大于收入，出现财政赤字来实现。

（2）紧缩性财政政策，又称稳健的财政政策，通过提高税率、减少国债、收入大于支出，出现财政盈余来实现。

（3）中性财政政策是指财政的分配活动对社会总需求的影响保持中性。

一般情况下，当某国政府实行扩张性财政政策时，证券市场就会上涨；反之实行紧缩性财政政策时，证券市场就会下跌。

模块二　行业分析

宏观经济分析向我们展示经济大环境的状况，当宏观经济需要调节时，政府会通过货币政策和财政政策来解决经济问题，从而影响我们的证券市场。这种因素是我们无法避免和左右的。行业分析在此前提下分析你投资的证券所在行业的情况，我们可以选择发展前景良好的行业，并选择其中的优秀个股。因此，行业分析往往是选股第一个要考虑的方向。

工作任务一　认识经济周期与行业特点

案例导读

　　随着欧洲经济的不景气，各行各业都出现了不同程度上的衰退现象，但是欧洲人表示巧克力变得更受欢迎，因为巧克力热量高，可以代替各种食物补充能量，从而减少开支。

　　思考：事物总有两面性，当经济环境不好时，想想有哪些行业会变好？

一、经济周期

　　经济的发展有其自然的规律，这就是经济周期，分为繁荣、衰退、萧条和复苏四个阶段，我们通过货币的变化来研究一下整个经济周期中各个行业的变化。

　　假设经济已经处于萧条低谷，此时为了拉动经济复苏，首先就要刺激消费，加大市场上货币的流动性，这样货币政策就会放松，此时金融行业就是关键，政府通过银行等金融业向市场供给资金。货币不断地流入市场，人们口袋里的钱增加，开始选择购买自己钟爱的商品。这样，在购买力日益增加后，企业库存开始下降，资金开始回笼，企业开始提高生产规模。一旦企业的生产能力增加，就需要购买生产商品的原材料，这样就刺激了资源类商品价格上涨和相关企业的盈利能力。此时，整个经济链条都被激发，家庭生活和企业生产经营对能源的需求上升到高峰，因此能源和电力出现短缺，相关行业开足马力生产，企业经营状况达到高峰。此时，整个社会都"有钱"了，政府将过剩的流动资金往公共事业方面引导，这样公共事业类企业将受益。随着扩大再生产的无止境加大，产品开始过剩，库存积压，通胀来临。此后，控制通胀成为宏观调控的首要任务，因此，利率上升和存款准备金率等上调，市场资金流动性开始收缩，相关企业受库存积压、财务负担加重的影响，盈利能力开始下降，整体经济下滑。而此时受经济周期影响较小的日用消费品行业相对凸显出来，因为这些企业生产的产品是人们赖以生存的必备品，比如食品、饮料、日用杂货等，这些相关企业的股票就会成为这个时期的强者。随着经济进一步紧缩到极度萧条时期，失业率上升，人们口袋里的钱越来越少，节俭的生活和糟糕的心情影响着人们的健康，吃药看病的概率上升，医药行业成为此时的香饽饽。往往此时的 CPI 已经回到正常水平以下，这为宏观上放松货币流动性提供了基础，因此，新一轮的刺激经济的政策开始。（见图 3-6）

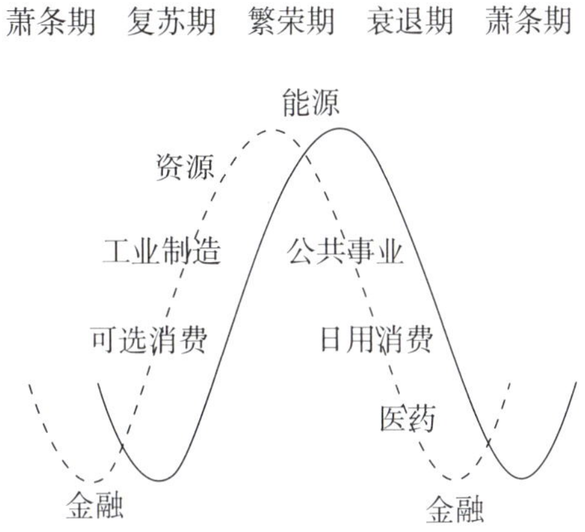

萧条期　复苏期　繁荣期　衰退期　萧条期

二、行业与经济周期

每个行业随着经济周期变动表现出不同特点，可以据此将行业分为三类。

1. 增长型行业

此类行业往往表现得独立于经济周期，走自己的路。这类行业拥有良好的市场前景，在技术和服务上领先于大部分传统行业，从而可以减少经济波动带来的影响。

图 3-6　行业轮动与股市和经济周期的关系

分析某行业是否属于增长型行业，可选用的方法是用该行业的历年统计资料与国民经济综合指标进行比较，具体做法是取得某行业的销售额与营业收入的可靠数据并计算出年增长率，与国民生产总值增长率、国内生产总值增长率进行比较，从而得出判断的结论。增长型行业主要代表是高科技产业，在 A 股市场中，此类股票比较少。

2. 周期型行业

周期型行业的特点是随着经济周期的波动而变化，经济增长时，随之增长，经济衰退时，随之衰退。这类行业数量较多，不仔细观察，几乎所有行业都有这样的特性，比如钢铁、有色金属、煤炭等资源行业，银行、保险、证券等金融行业以及大部分制造业。牛市时应该买入这些行业的股票，熊市时则应该规避。

3. 防守型行业

防守型行业是在经济衰退期可投资的行业，其提供的往往是人们生活中的必需品，日常消费类、医药类以及公共事业如水、电、煤气等行业为其代表（见表 3-2）。

表 3-2　A 股主要行业周期性分类（2000 年 1 月至 2016 年 4 月）

板块	公司数量	收益率	性质	相关因素
农林牧渔	几十家	202.91%	周期型（弱）	CPI
采掘业	几十家	225.01%	周期型（强）	GDP/CPI
食品饮料	几十家	516.75%	防守型	CPI
生物制药	百余家	596.22%	防守型	CPI

续表

板块	公司数量	收益率	性质	相关因素
汽车制造	几十家	395.17%	周期型（强）	GDP/CPI
公共事业	几十家	168.96%	防守型	CPI
交通运输、仓储	几十家	165.78%	周期型（弱）	CPI
信息技术	百余家	378.8%	增长型	CPI
房地产业	百余家	359.24%	周期型（强）	GDP/CPI/M2
金融业	几十家	200.8%	周期型（强）	GDP/CPI/M2

注：收益率累积时间为 2000 年 1 月 1 日至 2016 年 4 月 26 日，仅供参考，来源网络。

工作任务二　掌握板块轮动规律

案例导读

炒股四季歌

网上流传一篇炒股四季歌："冬炒煤来夏炒电，五一十一旅游见，逢年过节有烟酒，两会环保新能源；航空造纸人民币，通胀保值就买地，战争黄金和军工，加息银行最受益；地震灾害炒水泥，工程机械亦可取，市场商品热追捧，上下游厂寻踪迹：年报季报细分析，其中自有颜如玉。"

想一想：你是否仔细观察过 A 股的板块轮动规律？除了季节规律，你还想到哪些？

"板块"是"行业"更加通俗化的代名词，但不等同于行业，比如新能源汽车板块，它包括了新能源汽车的整个上下产业链相关的企业，而不单指单一行业。因为受政策、行业发展等影响，资金在股市中往往会集中在几个板块中，形成"热点"，热点板块的股票往往股性活跃，涨跌幅都较大，因此，结合了热点的选股往往能获得较高收益。

一般来说，影响板块轮动的因素有以下三个：

一是不同板块间的同步效应，主要是体现在高度相关的板块中，当其中一个板块上涨时，其他板块就会同步走强，反之亦然。比如白酒板块大涨带动消费类股票，则牛奶、调味品等板块也会同步上涨；当钢铁板块上涨带动周期板块，则煤炭板块也会跟涨；当芯片板块大涨时，软件板块也会大涨。

二是板块的传导效应，与同步效应的区别主要在于非同步，有一个传导机制，反应有滞后性。当一个板块异动的时候，大家只在观察盘面的变化，而没有进行深入的思考，但之后投资者开始进入思考模式，顺着股价波动的逻辑去做进一步的推理，从而对与之相关的板块产生了新的预期推动。比如说地产板块上涨，与地产有关的基建需求就会上涨，接着水泥板块就涨了，最后大家发现，不管地产行业怎么发展，最终受益的还是银行，结果最后银行又涨了，这就是一种传导机制在起作用。

三是板块内的羊群效应。羊群效应指的是由于某几只板块内股票大涨，投资者产生跟风心理，但由于龙头股涨幅过大，不敢买入，就会转而买入同板块中的其他股票，结果就是除了极少数个股走势另类外，在大多数时候，同板块的个股，都存在着这种羊群效应。

工作任务三　行业生命周期分析

案例导读

[行业动态] 中国婴配乳粉产业将形成全新生态

自今年（2018年）1月1日起，国家食药监总局（现为国家市场监督管理总局）发布的《婴幼儿配方乳粉产品配方注册管理办法》（简称奶粉配方注册制）开始全面实行。奶粉配方注册制的实施意味着在中国境内生产或向中国出口的婴幼儿配方乳粉必须依法取得婴幼儿配方乳粉产品配方注册证书。同时，婴幼儿乳粉企业配方变化需要到食品药品监管部门进行注册，并提交配方研发报告等表明配方科学性、安全性的材料，经监管部门审核通过、领取相关生产证后才能生产。

从市场基本面来看，进口奶粉目前在我国的总销量依然占据大头，大概占60%～70%。业界普遍认为，注册制落地后，婴幼儿奶粉的让渡空间大部分集中在三、四线城市的母婴渠道，国产龙头品牌将会占领渠道优势。

有机奶粉或因新政开始崛起，因为配方注册制，很多品牌退出市场，为大品牌提供新的市场空间。很多企业和品牌开始加码有机奶粉，去抢占市场。随着中国二孩政策的全面放开，中国婴幼儿奶粉市场迎来新一轮的高速增长契机，预计2020年行业年销售额将突破1000亿元大关，有机奶粉也将从中受益。有数据显示，有机奶粉的市场销量增长率达20%，且仍有较大的增长空间，销售额将会超过100亿元。

【出处】中国食品报

想一想：你是如何看待国产奶粉行业的前景的？你认为它处于行业生命周期的哪一个阶段？

行业生命周期理论是指每个行业都有自身的发展过程，经历四个阶段，即初创阶段、成长阶段、成熟阶段和衰退阶段（见图3-7）。投资者通过分析行业的所处阶段可以了解该行业的投资风险与回报。

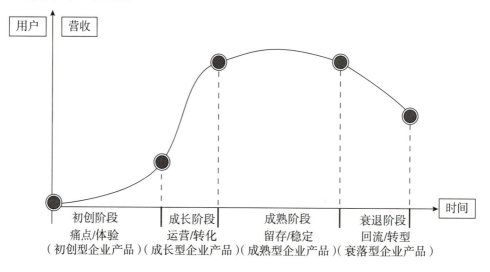

图 3-7　行业生命周期图

一、初创阶段

在这一阶段，新行业刚刚诞生，只有为数不多的创业公司投资于这个新兴的产业，研究开发费用较高，而产品收入较低，因而这些创业公司在此阶段普遍没有什么盈利，甚至常常出现亏损；同时，较高的产品成本和价格与较小的市场需求还使得这些创业公司面临很大的投资风险、财务风险和破产风险。但在初创阶段后期，随着行业生产技术的提高、生产成本的降低和市场需求的扩大，新行业便逐步由高风险、低收益的初创期转入高风险、高收益的成长期。因此，处于这一阶段的企业更适合投机者非投资者，比如一些新兴的互联网和生物制药公司。

二、成长阶段

在这一阶段，新行业的产品经过广泛宣传和消费者的试用后，逐渐赢得了大众的欢迎，市场需求开始上升，新行业随之繁荣。由于市场前景良好，投资新行业的厂商开始大量增加，产品也逐步从单一、低质、高价向多样、优质和低价方向发展，使得新行业出现了生产厂商和产品相互竞争的局面。这种状况会持续数年或数十年，直至出现资本和技术力量雄厚、经营管理有方的企业各霸一方的局面。那些财力与技术较弱、经营不善或新加入的企业，则往往被淘汰或被兼并。因而这一时期企业的利润虽然增长很快，但所面临的竞争风险也很大，破产率与合并率相当高。在成长阶段的后期，由于市场需求基本饱和，产品销售增长率减慢，迅速盈利的机会减少，整个行业开始进入稳定的成熟期。这一阶段是行业和企业快速发展的阶段，同时也是利润可见、风险可察的阶段，很多优质型股票被称为成长型股票，获得了投资者的青睐。

三、成熟阶段

行业的成熟阶段是一个相对较长的时期。在这一时期里，竞争中生存下来的少数大厂商控制了整个行业市场，每个厂商都占有一定比例的市场份额，且由于彼此势均力敌，其市场份额发生变化的程度较小；厂商与产品之间的竞争手段也逐渐从价格手段转向各种非价格手段，如提高产品质量、改善产品性能和加强售后服务等；而行业的利润则由于一定程度的垄断达到了很高的水平，但风险却相对稳定；新企业则很难和成熟大企业相抗衡，往往会由于产品销路不畅或资金周转困难而倒闭或转产；此时，行业增长速度将会降到一个比较适当的水平，而某些行业的增长则可能会完全停止甚至出现下降，但由于技术创新等原因，某些行业可能还会有新的利润增长点。这一阶段的优质企业的股票，往往被称为绩优股，被机构投资者所持有。

四、衰退阶段

行业的衰退阶段往往出现在行业已经有了很长的稳定阶段之后。此时，由于新产品和大量替代品的出现，原行业的市场需求开始逐渐减少，产品的销售量也开始下降，某些厂商开始向其他更有利可图的行业转移资金，导致原行业出现了厂商数目减少、利润下降的萧条迹象。至此，整个行业便进入了衰退阶段。这一阶段的上市公司股票，对于中国股市而言，往往还有重组的特殊价值，因而也是投机者的偏爱对象。

交易者在进行行业分析时，不能只顾分析行业自身的周期性问题，还要结合上、下游产业同时进行分析。比如钢铁行业的上游行业是铁矿石和煤炭等行业，它们的涨价与否直

接关系到钢铁行业的成本和利润问题。而钢铁行业的下游行业是汽车制造业、机械制造业、建筑业、家电业等，他们的发展速度和发展空间也直接关系到钢铁行业的发展速度和发展空间问题。

工作任务四　行业市场结构分析

案例导读

北汽新能源产销双破 10 万辆　2017 年全球销量仅次于特斯拉

2017 年已经落下帷幕，对于各大车企来说，也是几家欢喜几家愁。新年伊始，各大车企的 2017 年销量先后出炉。站在岁末年初的起跑线上，去年动作频频的北汽新能源也开始细数过去一年的战果和得失。

（2018 年）1 月 9 日，北汽新能源对外公布了 2017 年的销量战绩。其在 2017 年共计产销 103199 辆新能源汽车（纯电动），占据国内 2017 年新能源车 23％的市场份额，连续第五年位居国内新能源汽车销量排名第一。

值得一提的是，2017 年北汽新能源在不限购城市，同样实现了 3.7 万辆的销量，占整体销量 36％。对此，北汽集团党委常委、北汽新能源总经理郑刚表示："2017 年的突出业绩，不仅意味着北汽新能源领跑中国新能源产业，更彰显出中国新能源汽车参与全球竞争的实力和担当。"

全国乘用车联席会的统计数据显示，2017 年前 11 个月，全国累计销售了 45.8 万辆新能源汽车，北汽新能源在全球累计销售了 86041 辆新能源汽车，销量成绩仅次于特斯拉，后者同期累计销售了 89013 辆新能源汽车。

北汽新能源方面认为，随着双积分政策的落地，合资车企以及新造车公司产品的陆续面世，2018 年将是中国新能源汽车行业发展的重要窗口期。

记者注意到，在补贴退坡的大背景下，北汽新能源推出了国民车 EC 系列，并参与建设 4.6 万个公共电桩且自建 3.2 万个私人桩。同时，北汽新能源大力打造换电模式，投放运营 106 座换电站、5000 台换电车辆，在摆脱补贴依赖和解决用户里程焦虑的工作上下了大气力。除此之外，去年北汽新能源还推出了正向研发的首款人工智能纯电小车 LITE，突破了新能源车型"油改电"的传统开发路径。

【出处】证券日报

思考：通过查找资料来判断新能源汽车整车销售行业的市场结构。

　　行业的市场结构就是行业中的市场竞争或垄断的程度，它决定着一个企业的市场地位和市场规模。根据行业中企业数量的多少、进入限制程度和产品差别，一个行业基本上可以分为四种市场结构，即完全竞争市场、不完全竞争市场（垄断竞争市场）、寡头垄断市场和完全垄断市场。

如何看懂行业研报

一、完全竞争市场

　　完全竞争又称为纯粹竞争。在这种市场上，不存在任何垄断因素，竞争可以充分展开，市场机制在资源配置方面的作用不受任何阻碍和干扰。

　　其特征有：产业集中度很低；产品是同质的；经济运行主体具有完全的市场信息；资源完全自由流动，厂商可自由进退。

二、不完全竞争市场（垄断竞争市场）

　　垄断竞争是指一种既有竞争又有垄断，竞争与垄断相结合且偏向完全竞争的市场结构类型。之所以称之为垄断竞争，首先是因为它与完全竞争有类似之处，即存在数量较多的竞争者能够自由地进入和退出市场；其次它又具有垄断的特征，不同企业生产的产品不具备完全替代关系，即存在着所谓的产品差别，企业对其产品又具有一定的垄断力量。

　　其特征有：产业集中度较低；产品有差异；进退壁垒较低。

三、寡头垄断市场

　　寡头垄断就是少数人的垄断，是指在某一产业中只存在少数厂商对市场的瓜分与控制。寡头垄断是既包含垄断因素，又包含竞争因素但以垄断为主的一种市场结构。它在现实中是一种普遍的市场结构形式。

　　其特征有：产业集中度高；产品基本同质或差别较大；进入和退出壁垒较高。

四、完全垄断市场

　　完全垄断，又称纯粹垄断，是同完全竞争相对的另一个极端的市场结构，指一家厂商控制了某种产品全部市场供给的市场结构，或者说是只有一个卖者的市场。

　　其特征有：市场上只有一个厂商，故产业集中度为100%；没有替代品；进入壁垒非常高，使得其他企业的进入成为不可能。

模块三　公司分析

在公司分析中，投资者往往关注最多的就是公司的信息，包括新闻、财务数据、管理层动态、股东情况等，这些个股信息无疑非常重要，在投资决策中起到重要作用。著名股票投资人巴菲特最爱看的投资信息便是企业的财务报表。这些信息可以通过网络、报纸和其他媒介查看，有些显而易见，有些则有造假情形，也有些是主力为了迷惑散户故意编造的。我们需要学会如何查看这些信息，更要学会分析这些信息。这里以个股恒瑞医药为例为大家讲解如下：

工作任务一　公司基本信息分析

在我们投资一个股票之前，需要了解该上市公司的基本信息，包括公司资料、最新动态、股东研究等。在同花顺或东方财富通中，我们可以通过F10查看（见图3-8）。

恒瑞医药	最新动态	公司资料	股东研究	经营分析	股本结构	资本运作	盈利预测
600276	新闻公告	概念题材	主力持仓	财务概况	分红融资	公司大事	行业对比

图3-8　同花顺个股资料主要信息

一、基本资料

公司的基本资料包括公司名称、地理位置、主营业务、历史沿革等初步信息（见图3-9）。

首先，公司的"主营业务"是必看的内容，它们直接告诉你这家公司是做什么的。从资料中我们初步了解到这家公司是研发、生产、销售各种抗肿瘤药物的，而抗肿瘤药物的前景应当是很好的。公司网址可以辅助大家进一步了解公司情况。

其次，"法人代表""总经理"是公司高层，研究公司的管理层是至关重要的。

另外，"办公地址"可以告诉我们公司的区位优势。区位优势是指一些地区投资环境优良，企业在那里投资建厂可以获得廉价的自然资源和劳动力，享受地区政府给予的各种优惠待遇等。它说明了企业为什么要到特定的地区投资建立生产经营实体。

详细情况　　该股票最热门的概念题材　开始搜索

公司名称：江苏恒瑞医药股份有限公司	所属地域：江苏省
英文名称：Jiangsu Hengrui Medicine Co.,Ltd.	所属申万行业：医药生物 — 化学制药
曾 用 名：恒瑞医药->G恒瑞	公司网址：www.hrs.com.cn

主营业务：药品研发、生产和销售。

产品名称：艾瑞昔布片、甲磺酸阿帕替尼片、硫培非格司亭注射液、马来酸吡咯替尼片、注射用卡瑞利珠单抗、注射用甲苯磺酸瑞马唑仑、氟唑帕利胶囊、海曲泊帕乙醇胺片、碘克沙醇注射液 + 、酒石酸布托啡诺注射液、托伐普坦片、多西他赛注射液 + 、厄贝沙坦片 + 、注射用顺苯磺酸阿曲库铵

控股股东：江苏恒瑞医药集团有限公司（持有江苏恒瑞医药股份有限公司股份比例：24.04%）

实际控制人：孙飘扬（持有江苏恒瑞医药股份有限公司股份比例：22.30%）

最终控制人：孙飘扬（持有江苏恒瑞医药股份有限公司股份比例：22.30%）

董事长：孙飘扬	董　　秘：刘笑含	法人代表：-
总 经 理：-	注册资金：63.97亿元	员工人数：28903
电　　话：86-0518-81220983;86-021-61053323	传　　真：86-0518-85453845;86-021-61063801	邮　编：222000

办公地址：江苏省连云港市连云区经济技术开发区昆仑山路7号

公司简介：

江苏恒瑞医药股份有限公司主营业务涉及药品研发、生产和销售，主要产品是艾瑞昔布片、甲磺酸阿帕替尼片、硫培非格司亭注射液、马来酸吡咯替尼片、注射用卡瑞利珠单抗、注射用甲苯磺酸瑞马唑仑、氟唑帕利胶囊、海曲泊帕乙醇胺片、碘克沙醇注射液、酒石酸布托啡诺注射液、托伐普坦片、多西他赛注射液、厄贝沙坦片、注射用顺苯磺酸阿曲库铵。　公司是国内最大的抗肿瘤药、手术用药和造影剂的研究和生产基地之一。公司产品涵盖了抗肿瘤药、手术麻醉类用药、特色输液、造影剂、心血管药等众多领域，已形成比较完善的产品布局，其中抗肿瘤、手术麻醉、造影剂等领域市场份额在行业内名列前茅。在全国医药工业信息年会发布的《2020年中国医药研发...　查看全部▼

图 3–9　恒瑞医药公司资料页面

二、发行上市

“发行上市”介绍的是公司股票发行时的情况，上市时间长短、主承销商的实力、发行量与现在相比如何，“每股摊薄市盈率”则可以体现该上市公司的价值处于什么水平（见图 3–10）。

发行相关

成立日期：1997-04-28	发行数量：4000.00万股	发行价格：11.98元
上市日期：2000-10-18	发行市盈率：31.4400倍	预计募资：4.67亿元
首日开盘价：26.88元	发行中签率：0.26%	实际募资：4.79亿元

主承销商：华夏证券有限公司　　上市保荐人：华泰证券有限责任公司

历史沿革：

江苏恒瑞医药股份有限公司（以下简称“公司”）是1997年2月经江苏省人民政府苏政复[1997]19号文件批准设立，由连云港恒瑞集团有限公司（原连云港市医药工业公司）、中国医药工业公司等五家发起人共同发起设立的股份有限公司。公司于1997年4月28日登记注册,并领取了连云港市工商行政管理局核发的营业执照，统一社会信用代码为9132070070404786XB。公司住所为连云港经济技术开发区黄河路38号，法定代表人：孙飘扬。

公司设立时的注册资本为6,190.00万元人民币；1999年5月，以未分配利润按每10股送5股分配股票股利3,095.00万元，注册资本及股本增加至9,285.00万元；经中国证券监督管理委员会证监发行字[2000]122号文批准，2000年9月通过上海证券交易所向社会公众发行人民币普通股4000万股，股票每股面值为人民币1元，发行后的股本总额为13,285.00万元，同年10月，在上海证券交易所挂牌上市,股票代码为600276。

截止2020年12月31日，公司注册资本为530,675.0341万元人民币，实收资本为533,171.7041万元，尚未变更注册资本。　收起▲

图 3–10　恒瑞医药发行信息页面

三、股东研究

“十大股东”以及“十大流通股东”不仅告诉我们公司的主要股东，还有他们的占股

证券投资
ZHENGQUAN TOUZI

比例，由此我们可以知道第一大股东是否拥有绝对控股权，如果第一大股东和第二大股东的持股比例差不多，那么公司可能出现争夺股权的情况，投资者需要关注。另外，其余股东也须关注，尤其明星基金，或者海外资金等，需要关注其增减持情况（见图3-11）。

研究恒瑞医药的股东不难发现，前两大股东持股稳定，另还有香港中央结算有限公司位列第三大股东，著名的奥本海默基金公司–中国基金持股，这都是较好的信息。

十大股东

2021-03-31	2020-12-31	2020-09-30	2020-06-30	2020-03-31

前十大股东累计持有：35.73亿股，累计占总股本比：67%，较2020-12-31减少9745.85万股

机构或基金名称	持有数量(股)	持股变化(股)	占总股本比例	质押占其直接持股比	实际增减持	股份类型	持股详情
江苏恒瑞医药集团有限公司	12.82亿	不变	24.04%	无质押	不变	流通A股	点击查看
西藏达远企业管理有限公司	7.94亿	不变	14.89%	无质押	不变	流通A股	点击查看
香港中央结算有限公司	6.54亿	↓-2664.74万	12.26%	无质押	↓-3.92%	流通A股	点击查看
连云港恒创医药科技有限公司	2.58亿	不变	4.85%	无质押	不变	流通A股	点击查看
中国医药投资有限公司	2.19亿	不变	4.10%	无质押	不变	流通A股	点击查看
连云港市金融控股集团有限公司	1.09亿	↓-183.17万	2.04%	67.37%	↓-1.65%	流通A股	点击查看
青岛有沃投资合伙企业(有限合伙)	8823.91万	↓-4680.10万	1.65%	无质押	↓-34.66%	流通A股	点击查看
中国证券金融股份有限公司	7949.99万	↓-100.00	1.49%	无质押	不变	流通A股	点击查看
中央汇金资产管理有限责任公司	4926.57万	不变	0.92%	无质押	不变	流通A股	点击查看
奥本海默基金公司-中国基金	4075.11万	↓-2217.83万	0.76%	无质押	↓-35.24%	流通A股	点击查看

图 3-11　恒瑞医药十大股东信息页面

四、高管介绍

在高管一栏中，通过关注主要高管的简介信息，上网查询更多资料了解高管的各方面能力，可以形成一种感性认识。同时关注高管的"持股数"，持股数越多，对公司负责的可能性越大。"任期开始日"可以关注到高管的任职时间长短，侧面反映对公司治理的经验等。

恒瑞医药的董事长孙飘扬从任职时间、在医药行业的地位来看都是非常不错的，他持有江苏恒瑞医药股份有限公司股份的比例为21.69%，这也是个积极的信号（见图3-12，图3-13）。

高管介绍

董事会(8人)	监事会(3人)	高管(14人)

序号	姓名	职务	直接持股数	间接持股数	序号	姓名	职务	直接持股数	间接持股数
1	孙飘扬	代董事长,董事	--	14.27亿(估)	2	戴洪斌	董事	148.6万	--
3	孙杰平	董事	167.1万		4	张连山	董事	51.7万	--
5	郭丛照	董事	--		6	王迁	独立董事	--	--
7	薛爽	独立董事	--		8	董家鸿	独立董事	--	--

注：点击高管姓名查看高管简历介绍

图 3-12　恒瑞医药高管介绍

| | 代董事长,董事 | 公告期: 2021-07-10 | 本届任期: 2021-07-09 至 今 |
| 孙飘扬 | 男63岁博士 | 薪酬: 198.0万 | 直接持股数: - |

孙飘扬, 男, 1958年生, 研究员级高级工程师、博士, 1982年毕业于中国药科大学化学制药专业, 1997年至今任江苏恒瑞医药股份有限公司董事长, 第十一、十二、十三届全国人大代表, 国家药典委员会执行委员, 享受国务院特殊津贴。

此简介更新于2021-07-10

查看股权▼

图 3-13　恒瑞医药董事长孙飘扬资料

五、主营分析

主营构成清晰地展示了公司营业收入的主要组成部分, 占比超过50%的行业通常认定为该公司所在行业。恒瑞医药的主营非常突出, 医药制造占收入比的99.56%, 这相比许多"不务正业"的上市公司来说, 更具持续性。其主要产品为抗肿瘤药物占收入比55.05%。因此是投资者首要关注的产品类型。其主要的收入来源为国内市场(见图 3-14, 图 3-15)。

■ 主营构成分析

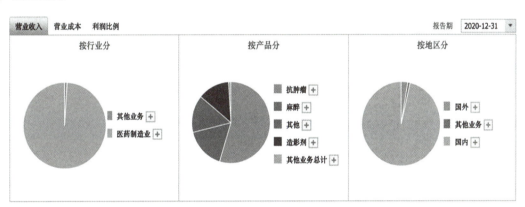

图 3-14　恒瑞医药主营构成分析

注: 通常在中报、年报时披露

	业务名称	营业收入(元)	收入比例	营业成本(元)	成本比例	利润比例	毛利率
按行业	医药制造业	276.13亿	99.56%	33.48亿	99.97%	99.50%	87.88%
	其他业务	1.22亿	0.44%	103.69万	0.03%	0.50%	99.15%
按产品	抗肿瘤	152.68亿	55.05%	10.16亿	30.33%	58.45%	93.35%
	麻醉	45.91亿	16.55%	4.43亿	13.24%	17.01%	90.34%
	其他	41.23亿	14.87%	8.87亿	26.49%	13.27%	78.49%
	造影剂	36.30亿	13.09%	10.02亿	29.91%	10.78%	72.41%
	其他业务	1.22亿	0.44%	103.69万	0.03%	0.50%	99.15%
按地区	国内	268.55亿	96.83%	30.90亿	92.29%	97.45%	88.49%
	国外	7.58亿	2.73%	2.57亿	7.68%	2.05%	66.05%
	其他业务	1.22亿	0.44%	103.69万	0.03%	0.50%	99.15%

图 3-15　恒瑞医药主要业务数据

工作任务二　财务分析

公司财务分析具有一定的针对性和明确的目的，并且具有非常丰富的内容。投资者可以通过公司财务分析所提供的信息资料对公司的偿债能力、盈利能力、成长能力进行分析。这里仍以恒瑞医药为例进行分析。

一、偿债能力分析

公司的偿债能力指标如表 3-3 所示。

表 3-3　恒瑞医药偿债能力指标

财务指标	2018-06-30	2017-12-31	2016-12-31	2015-12-31
资产负债率%	11.8761	11.6200	10.1581	9.9066
流动比率%	7.0850	7.0564	8.3474	8.9050
速动比率%	6.6891	6.6713	7.8810	8.4084
产权比率%	0.1396	0.1364	0.1175	0.1147
营运资本（万元）	1410730.36	1241813.21	1002834.67	832519.52

讨论：恒瑞医药的偿债能力如何？

（一）资产负债率分析

资产负债率是公司的负债总额除以资产总额的比率。资产负债率反映在总资产中有多大比例是通过借债筹集的，同时也可以衡量公司在资产清算时债权人有多少权益。资产负债率的计算公式为：

$$资产负债率 = 负债总额 \div 资产总额 \times 100\%$$

通常，公司的资产负债率应控制在 50% 左右。从公司债权人的立场上讲，债权人最关心借给公司的款项的安全性。因此，债权人希望公司的资产负债率越低越好，这样公司的偿付能力就有保证，借款的安全系数就高。从公司投资者的角度看，如果公司全部资本利润率高于借款利息率，则资产负债率越高越好；反之则越低越好。而从公司经营角度来看，如果资产负债率很高，且超出债权人的心理承受程度，公司就借不到钱。如果公司资产负债率很低，这说明公司在经营过程中比较谨慎，不轻易借款进行投资，或者是自有资金比较充足，暂时还不需要大规模举债。

（二）流动比率分析

流动比率衡量公司在某一时间点偿付即将到期债务的能力，反映公司短期偿债能力的高低，又称短期偿债能力比率。流动比率的计算公式为：

$$流动比率 = 流动资产 \div 流动负债 \times 100\%$$

一般而言，生产类上市公司最佳流动比率应该是 2。这是由于在流动资产中，变现能力最差的存货金额约占流动资产总额的一半，剩下的流动性较大的各类流动资产总额至少要等于流动负债，这样公司的短期偿债能力才会得到保证。但是，这样计算出来的流动比率只有与同行业平均流动比率、本公司历史的流动比率进行比较，才能知道这个比率是高还是低。

如果要分析流动比率高低的原因，则必须分析流动资产和流动负债所包括的内容及公司经营方面的因素。一般情况下，公司的营业周期、流动资产中的应收账款数额和存货的周转速度是影响流动比率的主要因素。

流动比率也并非越高越好。流动比率过高表示公司可能没有充分有效地运用资金，或者是由于存货的超储、积压过多所致。因此，流动比率过高并不一定表示公司财务状况良好。

（三）速动比率分析

流动比率虽然可以用来评价流动资产总体的变现能力，但人们（特别是短期债权人）还希望获得比流动比率更能进一步反映变现能力的比率指标。这个指标被称为速动比率，也被称为酸性测试比率。

速动比率是从流动资产中扣除存货部分，再除以流动负债的比值。速动比率的计算公式为：

$$速动比率 = （流动资产 - 存货） \div 流动负债 \times 100\%$$

人们通常认为正常的速动比率为 1，低于 1 的速动比率被认为是短期偿债能力偏低。这只是一般的看法，因为行业不同，速动比率也会有很大差别，速动比率没有一个统一的标准。例如，采用大量现金销售的商品，几乎没有应收账款，低于 1 的速动比率则是正确的；相反，一些应收账款较多的企业，速动比率可能会大于 1。

（四）产权比率分析

产权比率是负债总额与所有者权益总额的比率，是股份制企业中股东权益总额与企业资产总额的比率，是评估资金结构合理性的一种指标。一般来说，产权比率可反映股东所持股权是否过多，或者是尚不够充分等情况，从另一个侧面表明企业借款经营的程度。产

权比率的计算公式为：

$$产权比率 = 负债总额 \div 所有者权益总额 \times 100\%$$

产权比率用来表明由债权人提供的和由投资者提供的资金来源的相对关系，反映企业基本财务结构是否稳定。一般来说，所有者提供的资本大于借入资本为好，但也不能一概而论。该指标同时也表明债权人投入的资本受到所有者权益保障的程度，或者说是企业清算时对债权人利益的保障程度。

产权比率越高，说明企业偿还长期债务的能力越弱；产权比率越低，说明企业偿还长期债务的能力越强。通常认为产权比率低于 1 是比较稳健的，高于 1.2 属于高风险。

（五）营运资本分析

营运资金亦称运用资金，国外称为营运资本。营运资金的计算公式为：

$$营运资金 = 流动资产 - 流动负债$$

营运资金可以用来衡量公司或企业的短期偿债能力，其金额越大，代表该公司或企业对于支付义务的准备越充足，短期偿债能力越好。当营运资金出现负数，也就是一家企业的流动资产小于流动负债时，这家企业的营运可能随时因周转不灵而中断。营运资本相比于流动比率，更适合于进行公司自身的历年比较。

二、盈利能力分析

盈利能力就是公司赚取利润的能力。一般来说，公司的盈利能力是指正常的营业状况；非正常的营业状况也会给公司带来收益，但这只是特殊情况，不能说明公司的能力。

公司的盈利能力指标如表 3-4 所示。

表 3-4　恒瑞医药盈利能力指标

财务指标	2018-06-30	2017-12-31	2016-12-31	2015-12-31
净资产收益率%	11.6700	5.9900	23.2800	17.3400
基本每股收益（元）	0.5159	0.3300	1.1373	0.8274
销售毛利率%	86.6091	86.4692	86.6296	86.5459
销售净利率%	25.0530	25.2306	23.8005	23.6862
营业利润率%	29.7907	30.2441	27.5219	27.7596

讨论：恒瑞医药的盈利能力如何？

（一）净资产收益率（ROE）分析

净资产收益率 ROE（Rate of Return on Common Stockholders' Equity），是净利润与平均股东权益的百分比，是公司税后利润除以净资产得到的百分比率，该指标反映股东权益的收益水平，用以衡量公司运用自有资本的效率。指标值越高，说明投资带来的收益越高。该指标体现了自有资本获得净收益的能力。

财务分析的重点

$$净资产收益率 = 净利润 ÷ 净资产 × 100\%$$

（二）基本每股收益分析

基本每股收益是指企业按照属于普通股股东的当期净利润，除以发行在外普通股的加权平均数从而计算出的每股收益。

每股收益 = 税后利润 ÷ 总股数，数值越大说明每股盈利能力越强。影响该指标的因素有两个：一是企业的获利水平，二是企业的股利发放政策。

（三）销售毛利率分析

销售毛利率是毛利占销售收入的百分比，其中毛利是销售收入与销售成本的差。

$$销售毛利率 = （销售收入 – 销售成本）÷ 销售收入 × 100\%$$

销售毛利率表示每 1 元销售收入扣除销售成本后，有多少钱可以用于各项期间费用和形成盈利。销售毛利率是公司销售净利率的基础，没有足够大的毛利率便不能盈利。

（四）销售净利率分析

销售净利率，又称销售净利润率，是净利润占销售收入的百分比。

$$销售净利率 = 净利润 ÷ 销售收入 × 100\%$$

该指标反映每 1 元销售收入带来的净利润的多少，表示销售收入的收益水平。

它与净利润成正比关系，与销售收入成反比关系，企业在增加销售收入额的同时，必须相应地获得更多的净利润，才能使销售净利率保持不变或有所提高。

（五）营业利润率分析

营业利润率是指企业在一定时期的营业利润与营业收入的比率。它反映了在不考虑非营业成本的情况下，企业通过经营获取利润的能力，是评价企业经营效率的主要指标。

$$营业利润率 = 营业利润 ÷ 营业收入 × 100\%$$

该指标越高，说明企业的盈利能力越强。反之，该指标越低，说明企业的盈利能力越弱。

三、成长能力分析

公司的成长能力指标如表 3-5 所示。

证券投资
ZHENGQUAN TOUZI

表3-5　恒瑞医药成长能力指标

财务指标	2018-06-30	2017-12-31	2016-12-31	2015-12-31
净利润（万元）	190976.74	321664.80	258895.21	217157.15
净利润增长率%	21.38	24.25	19.22	43.28
营业收入（万元）	776074.95	1383562.94	1109372.41	931596.02
营业收入增长率%	22.32	24.72	19.08	25.01
主营业务利润率%	23.58	25.96	18.19	44.37
总资产增长率%	-	25.88	24.64	26.52

讨论：恒瑞医药的成长能力如何？

（一）净利润增长率分析

净利润的连续增长是公司成长性的基本特征，如其增幅较大，表明公司经营业绩突出，市场竞争能力强。反之，公司净利润增幅小甚至出现负增长，也就谈不上具有成长性了。

净利润增长率 =（当期净利润 – 上期净利润）÷ 上期净利润 ×100%

（二）营业收入增长率分析

营业收入增长率是指企业本年营业收入增加额对上年营业收入总额的比率。

营业收入增长率 = 营业收入增长额 ÷ 上年营业收入总额 ×100%

如果一家公司能连续几年保持30%以上的营业收入增长率，基本上认为这家公司具备成长性，投资者可重点关注。

（三）主营业务利润率分析

主营业务利润率是指企业一定时期的主营业务利润与主营业务收入净额的比率。它表明企业每单位主营业务收入能带来多少主营业务利润，是评价企业经营效益的主要指标。

主营业务利润率 = 主营业务利润 ÷ 主营业务收入 ×100%

该指标反映公司的主营业务获利水平，公司只有在主营业务突出，即主营业务利润率较高时，才能在竞争中占据优势地位。

（四）总资产增长率分析

总资产增长率是指企业本期总资产总额与上期总资产总额的比率。总资产增长率反映了企业资本规模的扩张速度，是衡量企业总量规模变动和成长状况的重要指标。

总资产增长率 = 本年总资产增长额 ÷ 年初资产总额 ×100%

　　总资产的扩张来源于所有者权益增加或者负债增加，如果是因为发行股票而导致所有者权益大幅增加，投资者需要关注募集资金使用情况，如果募集资金还处于货币形态或者作为委托理财等使用，这样的总资产增长率反映出的成长性将大打折扣。

实 战 演 练

　　1. 请点开国家统计局网站（http：//www.stats.gov.cn），查找国家最新的 GDP/CPI/PPI 和其他相关数据。

类别	GDP	CPI	PPI	自选数据 1（　　　）	自选数据 2（　　　）	自选数据 3（　　　）
时间						
数据						
变动						
影响						

　　2. 请打开同花顺软件，查找你所感兴趣的股票在行业中的地位。

行业对比	
股票名称	
所属行业（三级）	

续表

行业对比	
主营业务	
总资产在行业中的排名	
每股收益排名	
销售收入排名	

范例：

（1）登录同花顺，进入 F10 个股资料。

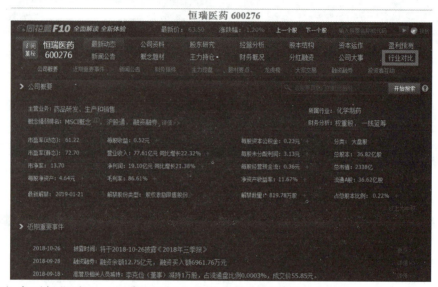

（2）点开行业对比，查看三级行业分类中的各项排名。

（3）通过对比，了解对应公司在行业中的优势与劣势，得出总结。

3．学会使用软件获得上市公司的财务数据，并且编辑自己感兴趣的财务数据方案，并导出。

（1）进入个股资料"财务概况"。

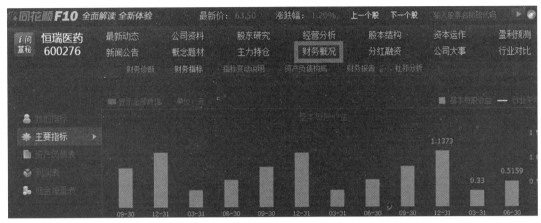

（2）选择"自定义"。

科目\年度	2018-06-30	2018-03-31	2017-12-31	2017-09-30	2017-06-30	2017-03-31
基本每股收益(元)	0.5159	0.3300	1.1373	0.8274	0.5579	0.3446
净利润(元)	19.10亿	9.49亿	32.17亿	23.28亿	15.73亿	8.12亿
净利润同比增长率	21.38%	16.95%	24.25%	20.70%	19.71%	18.63%
扣非净利润(元)	18.28亿	9.04亿	31.01亿	23.26亿	15.72亿	8.05亿

（3）选择感兴趣的指标，例如"产权比率"。

（4）选择"我的指标"。

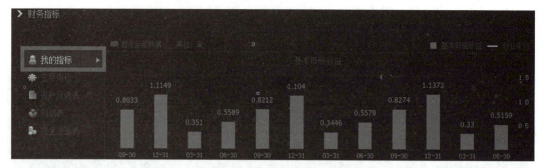

（5）选择"产权比率"。

按报告期		2018-06-30	2018-03-31	2017-12-31	2017-09-30	2017-06-30	2017-03-31
科目\年度							
净利润(元)		19.10亿	9.49亿	32.17亿	23.28亿	15.73亿	8.12亿
基本每股收益(元)		0.5159	0.3300	1.1373	0.8274	0.5579	0.3446
每股净资产(元)		4.64	5.79	5.43	5.12	4.85	5.62
每股资本公积金(元)		0.23	0.38	0.35	0.16	0.16	0.19
每股未分配利润(元)		3.13	4.06	3.72	3.53	3.26	3.92
每股经营现金流(元)		0.36	0.18	0.90	0.80	0.48	0.26
产权比率		0.14	0.12	0.14	0.11	0.11	0.12

（6）选择"行业平均"，即可将该数据和"行业平均"进行对比。

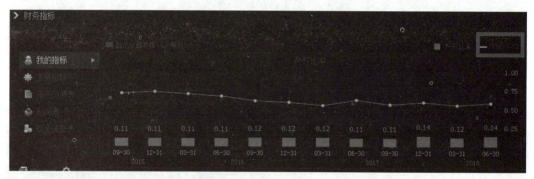

（7）选择"导出数据"，方便进行进一步分析。

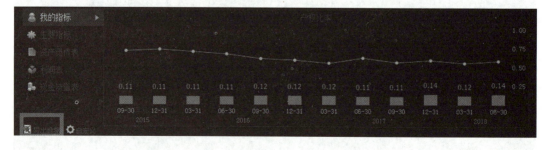

（8）请编写一套自己的财务数据方案并导出，如下图所示。

科目\时间	2018-06-30	2018-03-31	2017-12-31	2017-09-30
净利润(元)	1909767400	949451400	3216648000	2327765900
基本每股收益(元)	0.5159	0.33	1.1373	0.8274
每股净资产(元)	4.64	5.79	5.43	5.12
每股资本公积金(元)	0.23	0.38	0.35	0.16
每股未分配利润(元)	3.13	4.06	3.72	3.53
每股经营现金流(元)	0.36	0.18	0.9	0.8
产权比率	0.14	0.12	0.14	0.11

课 后 习 题

一、单项选择题

1. 下列选项中不属于基本面分析的方法有（   ）。

A. 公司分析　　　　　　　　　　　B. 行业分析

C. K 线形态分析　　　　　　　　　D. 财务报表分析

2. 下列对 CPI 说法不正确的是（   ）。

A. 如果 CPI 升幅过大，表明通胀已经成为经济不稳定因素

B. 当一国的 CPI 下降时，表明该国的通货膨胀率下降，该国货币的实际购买力下降

C. 在我国，CPI 的统计范围不包括商品房的价格

D. 通常作为观察通货膨胀水平的重要指标

3. 如果经济即将走向萧条，一个具有吸引力的投资行业是（   ）。

A. 汽车行业　　　B. 医疗服务行业　　　C. 建筑业　　　　D. A 和 C

4. 处于行业生命周期（   ）阶段的产业是蓝筹股的集中地，其证券价格一般呈现稳步攀升之势。

A. 初创　　　　　　B. 成长　　　　　　C. 成熟　　　　　　D. 衰退

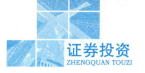
二、多项选择题

1. 下列属于宏观经济数据的有（　　　　）。

A．CPI B．PPI C．GDP D．汇率

2. 下列哪些行为会推动股票价格的上涨（　　　　）。

A．降低法定存款准备金率 B．降低利率

C．央行大量购买国债 D．控制信贷规模

3. 下列各项中，属于反映企业偿债能力的指标有（　　　　）。

A．净资产总额 B．资产负债率 C．流动比率

D．总资产周转率 E．利润总额

4. 衡量公司盈利能力的指标有（　　　　）。

A．销售毛利率 B．销售净利率

C．资产收益率 D．主营业务利润率

三、判断题

1. 若 M1-M2 的差值不断变大，说明存款活期化，企业和居民交易不活跃，经济景气度下降。（　　　）

2. 一般来说，当某国政府实行扩张性财政政策时，证券市场就会上涨，当实行紧缩性财政政策时，证券市场就会下跌。（　　　）

3. 通常认为正常的速动比率是 2，低于 2 的速动比率被认为表示短期偿债能力偏低。（　　　）

4. 资产收益率是企业净利润与平均资产总额的百分比。该指标越高，表明资产的利用效率越高。（　　　）

四、简答题

1. 请说说财政政策有哪几类，一般是通过哪几项措施来对经济进行调节的。

2. 试讨论：在分析行业状况时，你会重点考虑哪些方面。

3. 试讨论：在分析公司的财务状况时，你会重点考虑哪些方面。

项目四 证券投资技术分析

学习目标 ›

◆ 理解 K 线与 K 线组合的内涵。
◆ 掌握证券趋势类型，能够分辨趋势方向。
◆ 能够使用均线分析股票。
◆ 掌握股票交易成交量与股价走势的关系。
◆ 能分辨股价走势的形态，依据形态含义进行买卖操作。
◆ 能够使用技术指标对行情进行分析、判断并进行交易。

关键词：K 线、分析、趋势、均线、量价关系、形态、技术指标

思维导图 ›

- 证券投资技术分析
  - K线与K线组合分析
    - 了解技术分析法
    - 认识K线
    - 分析K线组合的种类与含义
  - 趋势分析
    - 趋势类型的判断
    - 支撑线与压力线的应用
    - 趋势线与轨道线的应用
  - 量价分析
    - 识别成交量的不同形态
    - 量价关系分析
  - 形态分析
    - 持续整理形态的应用
    - 反转突破形态的应用
  - 技术指标分析
    - 移动平均线的应用
    - MACD的应用
    - KDJ的应用
    - 布林线的应用
    - RSI的应用
    - BIAS的应用

案例导读

到底要看哪种指标呢，哪个更靠谱

小何同学在周一的 9:30 点开了贵州茅台的日 K 线图，最右边的柱状线是在动态变化的，一下变红，一下变绿，一下变高，一下变低，随之变化的还有右边的最新价与涨跌幅。同时，他仔细看了一下，发行上方缠绕的几条线也是动态变化的，一下向上，一下向下，小何的心中充满了疑问。

1. 柱状线形态有很多种，哪种是涨的，哪种是跌的？到底哪种是好的，哪种是差的？

2. 当天什么时候这些线才会形成最终的形态？

3. 红的颜色好，还是绿的颜色好？

他再将窗口调成了五图模式，顿时感觉花花绿绿的线看着有点眩晕，这些线到底有什么用呢？

带着这些疑问，小何询问了高年级的学长。学长告诉他，柱状线是 K 线图，从开盘时间产生收盘后定型，价格的涨跌标在 K 线上，它是由最高价、最低价、开盘价、收盘价四个价格组成。颜色的红绿与涨跌幅并无关系，红色的 K 线是指股票当天收盘价比开盘价高，被称为阳线，绿色的 K 线是指股票当天收盘价比开盘价低，被称为阴线。一般来说，阳线与阴线相比，投资者更喜欢阳线，因为阳线之后的交易日上涨的概率大，下跌的概率小。K 线附近的线是均线，根据日期的不同，分为 5 日均线、10 日均线、20 日均线、30 日均线及其他更长周期的均线，均线对股价有支撑与压力的作用，也有助涨助跌的功能，用来分析股价的涨跌趋势是极好的。再比如均线的金叉是买入信号，死叉是卖出信号。至于五图模式里面的花花绿绿的线，有些是技术指标，也分成很多种，也可以用来辅助判断股价走势。

小何听了，感觉信息量很大，需要学习的知识还有很多，他希望今后学习了这些分析方法之后，选股的时候能更加有把握，不再迷茫。

模块一　K线与K线组合分析

工作任务一　了解技术分析法

一、技术分析

技术分析是以证券市场过去和现在的市场行为为分析对象，应用数学和逻辑的方法，探索出一些典型变化规律，并据此预测证券市场未来变化趋势的技术方法。技术分析法不但适用于证券市场，还广泛应用于外汇、期货和其他金融市场。

（一）技术分析三大假设

技术分析的三个假设是：市场的行为包含一切信息、价格沿趋势移动、历史会重复。三大假设的主要思想是：任何一个证券市场的因素，最终必然体现在股票价格的变动上。不管是外在的、内在的、基础的、政策的和心理的因素，以及其他影响股票价格的所有因素，都已经在市场行为中得到反映。证券价格的变动是有一定规律的，即保持原来运动方向的惯性，而证券价格的运动方向是由供求关系决定的。证券价格的运动反映了一定时期内供求变化的关系。第三条假设是从人的心理因素方面考虑的，也就是在证券市场上，一个人在某种情况下按一种方法进行操作取得成功，那么以后遇到相同或相似的情况，就会按同一方法操作。如果失败，就不会按前一次的方法操作。根据历史资料概括出来的规律已经包含了未来证券市场的一切变动趋势，所以可以根据历史预测未来。

这三个假设有其合理性，也有不合理之处。因为市场行为反映的信息同原始的信息会存在差异，存在信息损失。证券的市场价格不单只受供求关系的影响，也会受内在因素的影响。市场行为千变万化，不可能有完全相同的情况重复出现。因此，不能片面地只看技术分析。

（二）技术分析四要素

技术分析四要素包括：成交量、成交价、时间跨度、波动空间，即量、价、时、空。

1. 成交量

成交量是指某一只股票在某一时段所成交的资金量或筹码数量，为股票买卖双方达成交易的数量，是供求的表现。当股票供不应求时，市场交易活跃，买家众多，成交量就会增大；相反，当股票供过于求时，市场交易冷淡，卖家众多，成交量就会下降。成交量影响着股价的上升和下降。股价上涨必须有成交量的推动，但股价上涨到高位出现放量，则表明行情调整或结束。因此，成交量不仅可以推动行情的发展，也可以表明阶段行情的终结。

成交量有广义和狭义之分，狭义的成交量是指平时最常用的成交股数，广义的成交量包括成交股数、成交金额和换手率。成交量是判断股票走势的重要参数，对分析市场行为有重要的参考价值。

（1）成交股数。成交股数是对个股进行分析时最常用的指标之一，非常适合对个股成交量做纵向比较，即对比个股不同时期放量缩量的相对变化情况。它的缺点在于忽略了股票流通盘大小的差别，无法对不同股票做横向比较，难以确切反映出成交活跃的程度。

（2）成交金额。成交金额反映参与市场交易的资金量的多少。通常所说的两市大盘上亿元的成交量就是指成交金额。投资者常用它来分析大盘，因为个股股价高低不等，通过对成交金额的研判，使大盘成交量具有纵向的可比性。对于价格波动很大的股票，分析成交金额比分析成交股数或换手率更加清楚。

（3）换手率。换手率指在一定时间内市场中股票转手买卖的频率，是反映股票流通性强弱的指标之一。换手率可以反映个股的活跃程度，找到放量与缩量的客观标准，判断其走势状态，特别是在机构进货和拉升阶段，换手率有助于估计机构的控筹量。

2. 成交价

股票价格通常是指股票在市场上出售的价格，其波动受政治、经济、投资心理以及交易技术等因素的影响。股票价格的真正含义是企业资产的价值。股票价格通常分为理论价格和市场价格。股票的理论价格 = 股息 ÷ 折现率。理论价格是根据上市公司的业绩、市盈率以及市场的行情等信息计算出来的，其与市场价格往往并不一致，但它是市场价格的基础。

股票的市场价格是指股票在二级市场上买卖的价格。股票市场可分为发行市场和流通市场，所以股票的市场价格实际上分为发行价格和流通价格。股票市价表现为多种形式，即开盘价、收盘价、最高价、最低价等，其中收盘价非常具有应用价值，充分把握和理解收盘价对分析股市行情来说非常重要。

3. 时间跨度

时间指行情上涨、下跌、盘整需要的时间长短。时，也可以理解为时机，什么样的时机适合入场，什么样的时机适合卖出等。当股价运行在一个区域内维持时间越长，那么市场的筹码比较集中在这个价格区间，当价格向上或向下突破这个区域的时候，就会出现比较大幅的上涨或下跌。如果下跌所花的时间越少，而下跌幅度越大时，说明下跌动能充足，在短暂反弹后还会继续探底。相反，如果上涨所花时间短，而幅度越大，它将来的调整幅度和速度也应该较大。当上涨和下跌的过程历时越长，而价格波动幅度越小，则往往表明股票并不活跃。

4. 波动空间

波动空间是指上涨或下跌的幅度范围。可以用近期的 K 线位置和之前的走势参照对比，它所在位置的高与低决定了它上涨或下跌的空间有多大。分析股票长期的上涨或下跌空间，要先参考历史最高价和历史最低价。在分析短期涨跌空间时，可以参考近期的高点与低点，并进行走势分析。如果股价处于底部区间，那么股价可能会超跌反弹，迎来上涨的空间。如果股价处于高位，上涨空间有限，则需要采取减仓措施。

二、技术分析的方法分类

技术分析法是仅从股票的市场行为来分析股票价格未来变化趋势的方法。股票的市场行为可以有多种表现形式，其中，股票的市场价格、成交量、价和量的变化以及完成这些变化所经历的时间是市场行为最基本的表现形式。

技术分析理论的内容就是市场行为的内容。技术分析法认为，股票价格的波动是对市场供求均衡状态偏离的调整。技术分析法以价格判断为基础，以正确的投资时机抉择为依据。从最早的直觉化决策方式，到图形化决策方式，再到指标化决策方式，直到最近的模型化决策方式以及正在研究开发中的智能化决策方式，技术分析法的演进遵循了一条日趋定量化、客观化、系统化的发展道路。技术分析法主要有 K 线理论、切线理论、形态理论、技术指标理论、波浪理论和循环周期理论。

三、证券投资分析应注意的问题

进行证券投资所采用的分析方法有三大类：基本分析法、技术分析法、量化分析法。任何投资分析理论或分析方法都有其适用性的前提与假设。基本分析法能够从宏观、中观、微观层面揭示证券价格的影响因素、影响方式与影响程度，但其对数据的真实性、完整性有较强的依赖性，对短期价格走势的预测能力较弱。技术分析法的优点是采用公开数据对市场与个股走势做出直观的解释，但其对证券价格行为模式的判断具有较大随意性。量化分析法采用复杂的数理模型与计算机数值模拟，能进行精细化的分析，但是其对使用者有较高的定量分析能力要求，不适用于大多数普通投资者。因此，在实践中，可以将多种分析方法结合，进而判断指数与个股的走势。

证券投资
ZHENGQUAN TOUZI

工作任务二 认识 K 线

一、K 线的由来

K 线起源于日本，当时日本粮食市场上有一位商人为预测米价的涨跌，他每天观察市场米价的变化情况，以此来分析预测市场米价的涨跌规律，并将米价波动用图形记录下来，这种图形就是 K 线的最初雏形，后来被推广到股市，在全世界范围内应用起来。

二、K 线的四个价格

K 线是以每个交易日或每个分析周期的开盘价、收盘价、最高价、最低价绘制而成，如图 4-1 所示，K 线由实体与影线两个部分组成，开盘价与收盘价之间形成实体，最高价与最低价之间形成影线，图中白色实体表示阳线，黑色实体表示阴线。在行情软件中，K 线的颜色有红色或绿色，我们将红色的 K 线称为阳线，绿色的 K 线称为阴线。阳线与阴线的区别在于收盘价与开盘价的高低位置不同。当收盘价高于开盘价时，K 线显示为红色，反之，则 K 线显示为绿色。如果开盘价与收盘价相同，那么 K 线的颜色由什么决定呢？这种情况下，我们把该交易日的收盘价格与上一个交易日的收盘价对比，如果当日收盘价高于上一交易日收盘价，则 K 线显示为红色，反之为绿色。

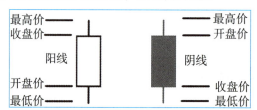

图 4-1　K 线的四个价格

三、K 线的不同形态

有时候 K 线所记录的开盘价、收盘价、最高价、最低价中的 2 个或 2 个以上会发生重合，或是会产生较大价格差距，因此形成了不同形状的 K 线，它们都有不同的名称。如图 4-2 中 A 为光头光脚阴线，B 为光头光脚阳线，也就是这两种 K 线的最高价、最低价分别与开盘价、收盘价重合。例如光头光脚阴线表明开盘价为当日最高价，收盘价为当日最低价，表明当日跌势明显，上涨有压力。C 为阴线，D 为阳线，是标准的阴线与阳线，其四个价格没有重合，根据实体的长短，又可以将其分为大、中、小阴线和大、中、小阳线。假如实体较长，则表示当日的上涨或下跌的动力较足。E 为上

认识 K 线

影阴线（若颜色为红色，则为上影阳线），F 为下影阳线（若颜色为绿色，则为下影阴线）。E 的最高价比较突出但其最低价与收盘价重合，说明盘中试图拉升，但上涨后无法持续，股价回落后，收盘价即为当日最低价，若这种 K 线出现在股价的高位，则预示着形势很可能会发生转折。F 线的最低价比较突出，但其最高价与收盘价重合，表明当日空头试图压低股价，但是股价最终探底回升，若这种 K 线出现在股价的底部，则之后极有可能企稳上涨。此外，G 为 T 字线，H 为倒 T 字线，I 为一字线，J 为十字线。这几种 K 线重合的价格更多，例如 T 字线的开盘价、收盘价、最高价相同，表明股价当天变动不大，但是在股价下跌时拉升回来。倒 T 字线的开盘价、收盘价、最低价相同，表明股价当天变化不大，试图拉升，但最终回到原来的位置。一字线一般是股价当天涨停或跌停的情况，全天保持一个价位直至收盘。一字线的涨停，表明投资者全天坚定持股，后续上涨的概率大。一字线的跌停表明投资者全天都想抛售，股票抛压很大，下跌局势一时难以挽回，后面下跌概率很大。G、H、I、J 等 K 线在软件中显示的颜色有红色和绿色之分，需比照前一交易日收盘价，若现收盘价高于前一交易日收盘价，则显示为红色，反之为绿色。

图 4-2　K 线的不同形态

工作任务三　分析 K 线组合的种类与含义

一、K 线组合的含义

K 线图反映的是一段时间内买卖双方实际较量的结果，可以从中看出买卖双方在较量中力量的增减、风险的转变等。什么是 K 线组合？多根 K 线有规律地排列在一起就称为 K 线组合，通常组合里面的 K 线不会太多，一般 2 到 3 根，最多有 5 至 6 根。根据单根 K 线对后续行情无法做出准确的判断，但依靠对相关 K 线组合的理解，我们对行情的判断则会明确很多。投资者在实践中会碰到许多不同的 K 线组合。

二、K 线组合的种类与意义

K 线组合大致可以分为两种，即反转组合形态与持续组合形态。也就是有些 K 线组合在一起，表示未来的股价走势会不同于过去的走势，而有些 K 线组合在一起，则表示未来的股价走势会顺延过去的走势。常见的 K 线组合有红三兵、三只乌鸦、乌云盖顶、看跌吞没、看涨吞没、十字星线、早晨之星、黄昏之星等。

认识K线组合

（一）红三兵

红三兵指三根阳线依次上升的K线组合，表明多方开始占优，如在底部出现此信号，股价见底回升可能性大。它是一种很常见的K线组合，这种K线组合出现时，后势看涨的情况居多。图4-3中圈出的K线组合就是属于红三兵，成交量也较之前几个交易日有放大一些。出现这样的组合后，这只股票的价格慢慢从40元涨至67元。

图4-3　元力股份日K线图红三兵组合

值得注意的是在红三兵组合中：

第一，三根阳线不能太长，太长说明攻势过猛，获利回吐的压力也会加大，最好是三根中阳线或小阳线，更易厚积而薄发。

第二，三根阳线对应的成交应温和放大，最好是一天比一天大，显示主力资金慢慢潜入。如果过大，则树大招风，容易吸引更多的跟风盘，反而不利于主力拉升，如果过小，则说明后市拉升力度可能不够。

（二）三只乌鸦

三只乌鸦指股价在运行时突然出现连续三根阴线的K线组合，是一种下跌的信号（见图4-4）。三只乌鸦也叫"暴跌三杰"，意思是3根向下的阴线持续下跌，后市看淡。三只乌鸦

图4-4　罗莱生活日K线图三只乌鸦组合

出现在下跌趋势启动之初，空头取得优势并开始发力，这种K线组合成立的前提，是发生在下跌趋势成立的初期。

（三）乌云盖顶

如图4-5圆圈处万里石的K线组合，分别为一根带下影线的阳线和一根大阴线。这个K线组合出现在股价的高位，且阴线实体部分较长，阴线实体的最底部超过了前一天阳线实体的1/2以下，这样的K线组合称为乌云盖顶组合，预示着未来走势逆转，接下来会转为下跌行情。乌云盖顶属于一种反转K线组合。反转分为价格高位时的反转与价格低位时的反转。总而言之，出现反转K线组合，表示未来的走势就要逆转。

图4-5　万里石日K线图乌云盖顶组合

（四）十字星线、早晨之星、黄昏之星

早晨之星与黄昏之星，也属于反转K线组合。它们的共同点是都包含星线，星线的实体较小，并且它的实体与它前一个交易日的较大K线的实体之间形成了价格跳空。只要星线的实体与前一个实体没有任何重叠，那么这个星线就是成立的。星线本身的颜色并不重要，星线既可能出现在市场的顶部，也可能出现在市场的底部，如果星线的实体已经缩小为十字线，则称之为十字星线。最常用的三种形态有早晨之星、黄昏之星、十字星线。

如果在上升趋势中出现了一根十字线，并且这根十字线与前一个实体之间形成了向上

证券投资

的价格跳空，或者在下降趋势中出现了一根十字线，并且这根十字线与前一个实体之间形成了向下的价格跳空，那么这根十字线就称为十字星线。如图4-6、图4-7所示，分别为看跌的十字星线与看涨的十字星线。

图4-6　金证股份日K线图十字星线组合（看跌）　图4-7　金证股份日K线图十字星线组合（看涨）

（五）其他K线组合

吞没形态又叫抱线形态，属于主要反转形态，是由两根颜色相反的K线实体所构成的，第一根K线的实体较短，第二根K线的实体较长，第二根K线的实体必须覆盖第一根K线的实体（不一定吞没第一根的上下影线）。吞没形态分为两种，即看涨吞没形态和看跌吞没形态。在看涨吞没形态中，市场本来是处于下降趋势中的，但是后来出现一个比较坚挺的阳线实体，这根阳线实体把它前面的阴线实体"抱在怀里了"或者是把它"吞没"了，这种情况说明市场中买进的压力已经压倒了卖出的压力。而在看跌吞没形态中则相反，说明空方已经从多方手中夺走了统治权。

孕育线和吞没形态的K线顺序刚好颠倒，孕育线的第一根K线较长，第二根K线较短，第一根K线把第二根K线包容进去了，就好像怀孕一样，第一根K线是母线，第二根K线是子线。由于股价经过长时间的上涨或下跌，买卖双方的力量已经消耗殆尽，机构做最后一次拉升或打压，将股价推到新高或新低后，第二天多空双方持续争斗，但整体波动不大，之后可能就会形成多空双方的交换。如果孕育线形成在市场的顶部，则应多关注之后交易日K线重心是否下移，是否会形成反转，如是，可以离场观望。

108

模块二　趋势分析

工作任务一　趋势类型的判断

"顺势而为"成为投资者的共识。当市场或个股形成趋势时，顺应趋势进行交易容易成功，而逆势必将大概率遭受损失。

一、趋势与趋势方向

趋势就是证券价格运动的方向。技术分析三大假设中的第二条明确说明价格的变化是有趋势的，没有特别理由，价格将沿着这个趋势继续运动。

趋势分析的应用

图 4-8　华微电子日 K 线图（2014.11—2015.05）

趋势的方向有三个：上升方向；下降方向；水平方向，也就是无趋势方向。上升趋势最明显的特征是一峰比一峰高，而下降趋势最明显的特征是一谷比一谷低，而当股价在一定区域内横盘整理时即称为水平趋势或无趋势。一般来说，股价盘整是在等待或选择下一

步的运动方向。图 4-8 华微电子在经历了一段时间的横盘整理之后，股价向上突破，转变为上升方向。

二、趋势的类型

主要趋势（也称长期趋势）是股价在一个较长时间内的运动趋势，一旦确立，不太容易更改，持续时间一般在三个月以上。

次要趋势（也称中期趋势）是对主要趋势的修正与调整运动，表现为上升过程中的回落和下跌过程中的回升，持续时间一般为一至三个月，幅度一般在主要趋势幅度的 3/8 以内。

短暂趋势（也称短期趋势）也称为日常波动，由于股价日常波动的偶然性较大，所以短暂趋势对于次要趋势和主要趋势的影响不大。

工作任务二　支撑线与压力线的应用

一、支撑线和压力线的含义

支撑线又称为抵抗线，是指当股价下跌到某个价位附近时，会出现买方增加、卖方减少的情况，从而使股价停止下跌，甚至有可能回升。支撑线起阻止股价继续下跌的作用。这个起着阻止股价继续下跌的价格就是支撑线所在的位置。

压力线又称为阻力线，是指当股价上涨到某价位附近时，会出现卖方增加、买方减少的情况，股价会停止上涨，甚至回落。压力线起阻止股价继续上升的作用。这个起着阻止股价继续上升的价位就是压力线所在的位置。

在某一价位附近之所以形成对股价运动的支撑和压力，主要由投资者的筹码分布、持有成本以及投资者的心理因素所决定。当股价下跌到投资者（特别是机构投资者）的持仓成本价位附近，或股价从较高的价位下跌一定程度（如 50%），或股价下跌到过去的最低价位区域时，都会导致买方大量增加买盘，使股价在该价位站稳，从而对股价形成支撑。当股价上升到某一历史成交密集区，或当股价从较低的价位上升一定程度，或上升到过去的最高价位区域时，会导致大量解套盘和获利盘的抛出，从而对股价的进一步上升形成压力。

二、支撑线和压力线的作用

支撑线和压力线的作用是阻止或暂时阻止股价朝一个方向继续运动。我们知道股价的变动是有趋势的，要维持这种趋势，保持原来的变动方向，就必须冲破阻止其继续向前的障碍。比如说，要维持下跌行情，就必须突破支撑线的阻力和干扰，创造出新的低点；要维持上升行情，就必须突破压力线的阻力和干扰，创造出新的高点。因此，支撑线与压力线有被突破的可能，它们不能长久阻止股价保持原来的运动方向。同时，支撑线与压力线又有彻底阻止股价按原方向运动的可能，例如当一个趋势终结时，它不能再创出新高或新低。

在上升趋势中，如果下一次未创新高，即未突破压力线，这个上升趋势就已经处在很关键的位置了。如果往后的股价又向下突破了这个上升趋势的支撑线，这就产生了一个很强烈的趋势有变的警告信号。这通常意味着这一轮上升趋势已经结束，下一步的走向是下跌。

同样，在下降趋势中，如果下一次未创新低，即未突破支撑线，这个下降趋势就已经处于很关键的位置。如果下一步股价向上突破了这次下降趋势的压力线，这就发出了这个下降趋势将要结束的强烈信号，股价的下一步将是上升的趋势。

三、支撑线和压力线的相互转化

支撑线和压力线之所以能起支撑和压力作用，两者之间之所以能相互转化，很大程度上是心理因素方面的影响，这也是支撑线和压力线理论上的依据。

证券市场中主要有三种投资者：多头、空头和旁观者。旁观者又可分为持股者和持币者。假设股价在一个区域停留了一段时间后突破压力区域开始向上移动，在此区域买入股票的多头们肯定认为自己对了，并对自己没有多买入些股票而感到后悔。在该区域卖出股票的空头们这时也认识到自己错了，他们希望股价再跌回他们卖出时的区域时，将原来卖出的股票补回来。而旁观者中持股者的心情与多头相似，持币者的心情与空头相似。无论哪一种投资者都有买入股票成为多头的愿望。这样，原来的压力线就转化为支撑线。

正是由于投资者决定要在下一个买入的时机买入，所以股价一回落就会引起大家的关心，他们会买入股票，使得股价未下降到原来的位置，新的买进大军自然又会把价格推上去，使该区域成为支撑区。该支撑区发生的交易越多，就说明很多投资者在这个支撑区有切身利益，这个支撑区就越重要。

以上的分析对于压力线也同样适用，只不过结论正好相反。

可见，一条支撑线如果被跌破，那么这一支撑线将成为压力线；同理，一条压力线被突破，这个压力线将成为支撑线。这说明支撑线和压力线的地位不是一成不变的，而是可以改变的，前提是形成了符合空间和时间的有效突破。

工作任务三 **趋势线与轨道线的应用**

一、趋势线

由于证券价格变化的趋势是有方向的，因而可以用直线将这种趋势表示出来，这样的直线称为趋势线。反映价格向上波动发展的趋势线称为上升趋势线；反映价格向下波动发展的趋势线则称为下降趋势线。由于股票价格的波动可分为长期趋势、中期趋势及短期趋势三种，因此，描述价格变动的趋势线也分为长期趋势线、中期趋势线与短期趋势线三种。反映价格变动的趋势线不可能一成不变，而是要随着价格波动的实际情况进行调整。也就是说，价格不论是上升还是下跌，在任一发展方向上的趋势线都不是只有一条，而是有若干条。

二、趋势线的画法

连接一段时间内价格波动的高点或低点可画出一条趋势线。标准的趋势线必须由两个以上的高点或低点连接而成。

要得到一条真正起作用的趋势线，要经多方面的验证才能最终确认，不合条件的一般应删除。首先，必须确实有趋势存在。也就是说，在上升趋势中，必须确认出两个依次上升的低点；在下降趋势中，必须确认两个依次下降的高点，才能确认趋势的存在。其次，画出直线后，还应得到第三个点的验证才能确认这条趋势线是有效的。一般说来，所画出的直线被触及的次数越多，其作为趋势线的有效性越能得到确认，用它进行预测越准确有效。另外，这条直线延续的时间越长，越具有有效性。

上升趋势线是由依次上升的向上反弹低点连接而成的。如图4-9所示，首先在点1和点3之下画出尝试性趋势线，然后还需要第三个点（点5）来确认该趋势的有效性。我们来看一下具体的画法，图中向上的趋势中，分别有波谷1、3、5和波峰2、4、6。它是一个向上的趋势，那么我们画趋势线的时候选择波谷1、3、5连成一条线即可。

下降趋势线是通过连接依次下降的上冲高点画出的。如图4-10所示，先由点1和点3画出尝试性下降趋势线，然后通过第三点（点5）验证其有效性。简而言之，我们是选择下降趋势中的波峰，将三个波峰连成一条线即为下降趋势线。

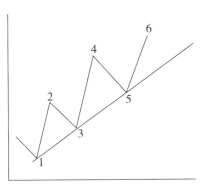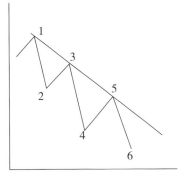

图 4-9 上升趋势线的画法　　　　图 4-10 下降趋势线的画法

三、趋势线的验证与修正

一般情况下，两个波谷或两个波峰即可连成一线，但是这条线到底能不能算趋势线呢？这要经过第三个点的验证。我们看到上图中，上升与下降的趋势中均有三个点落到趋势线上，假如第三个点偏离太多，那么画出的趋势线就是错误的。

当价格沿上升趋势线运动之后，出现转折，股价向下，转而穿破这条趋势线，而股价又无法继续突破趋势线，此时，趋势线就由原来的支撑线，转为了今后的压力线，如图 4-11 所示。

同样，在下降趋势中，这条趋势线起初是压力线，而后向上突破，这条趋势线就转变为今后股价的支撑线。因此，趋势线可以随着行情的变动改变自己的作用。此时，我们需要根据走势变动，取最新的高点或低点去画出新的趋势线，即对趋势线做出修正，如图 4-12 所示。

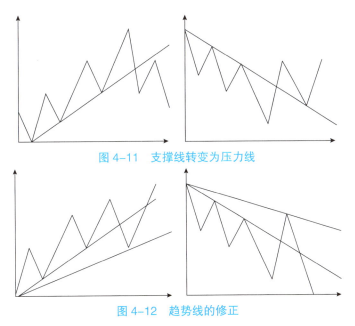

图 4-11 支撑线转变为压力线

图 4-12 趋势线的修正

四、轨道线

轨道线又称通道线或管道线，是基于趋势线的一种分析手段。在画出趋势线后，通过第一个峰或谷可以画出这条趋势线的平行线，即轨道线，如图 4-13 所示。

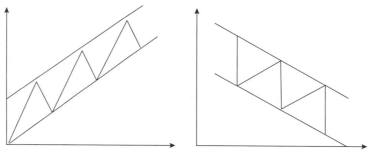

图 4-13 轨道线

两个平行线组成的轨道，分为上升轨道与下降轨道。轨道的作用是使股价在轨道的范围内运动，价格波动不会太大。轨道线一旦被突破后，原有的趋势就会加速，即原有的趋势线斜率增加，方向更加陡峭。轨道线被触及的次数越多，延续的时间越长，则其被认可的程度与重要性越高。轨道线是基于趋势线而存在的，趋势线比轨道线更重要。

模块三　量价分析

工作任务一　识别成交量的不同形态

有买有卖才能达成交易，同理，在股市中，只有当一部分人看空后市，而另外一部分人看多后市，造成巨大的分歧而又各取所需时，才会实现成交的目标。成交量是影响市场的要素之一，投资者应该清楚成交量的变化形态所代表的市场意义。通常，成交量会呈现出以下一些变化形态。

一、缩量

缩量一般是指市场里的投资者和机构看法大致一样，即大家都朝一个共同的方向看，既没有人卖，也没有人买，这样便造成了有股票的不卖，没有股票的买不到，所以就没有量的产生。缩量又可以分为两种情况：投资者都对后市十分看好，只有人买，却没有人卖，于是出现了急剧缩量；投资者都十分看淡后市，造成的结果是只有人卖而没有人买，从而出现急剧缩量。

缩量一般发生在趋势的中期，在广大投资者对后市走势十分认同的情况下，每当遇到下跌缩量这种情形时，就应该坚决卖出，等量缩到一定阶段，直到开始放量上攻时再买入。同样道理，每当遇到上涨缩量这种情况时，就应该坚决买进，坐等收益，等到价格上冲乏力，有巨量放出的关键时刻再考虑卖出。

二、放量

放量是指成交量突然在很短的时间内急剧增加，例如，昨天的成交量是1亿手，今天却忽然变成了6亿手，这就是放量。放量一般发生在市场趋势的转折点处，表明市场各方力量对后市分歧逐渐加大，其中一部分投资者坚决看空后市，另一部分投资者却对后市坚决看好，纷纷把家底甩出，还有一部分投资者却在大手笔购买。放量相对于缩量来说，其中有很大的虚假成分，比如主力利用手中的筹码大手笔不断买卖放出天量。投资者只要看清了主力的意图，便可将计就计，旗开得胜。

三、堆量

堆量反映的是健康的上涨形态，表现为成交量有序地温和放大。当主力意欲拉升股价时，常会把成交量做得非常完美，经过一段时间，股价慢慢抬高，成交量温和放大，并在近期的K线图上形成一个状似土堆的形状，"土堆"堆得越漂亮，就越可能产生大行情；相反，在高位的堆量表明主力已在想方设法地准备出货了，此时，投资者应坚决退出，不要再幻想有利可图了。

四、量不规则性放大缩小

量不规则性放大缩小一般是在没有突发利好或大盘基本稳定的前提下，是主力故意所为。风平浪静时突然放出空前巨量，随后又恢复平静，一般是实力不强的机构在吸引市场高度关注，以便达到其顺利出货的目的。

五、突放巨量

突放巨量一般是指在股价的运行过程中，某一天突然放出巨大的成交量，通常当日放出的成交量至少是前一日的两倍以上。如果某只股票在平静多日后，在巨大的成交量支撑下往上冲，当天拉出阳线，给人的感觉好像是主力已经着手开始拉升股价了。但一般来说，上涨过程中放巨量通常代表多方的力量已经用尽，后市持续上涨的可能性不大；而下跌过程中的突放巨量一般多为空方力量的最后一次集中释放，后市连续深跌的可能性不会太大，短线的反弹可能就在眼前了。另一种情况是逆势放量，在市场上一片喊空之时，个股仍能放量上攻，且升势显著。但是，这类个股通常只有短暂的行情，随后会出现连续下跌，许多在放量上攻那天跟进的投资者往往会被套牢。

六、地量

所谓地量是缩量的一种极端表现，其市场表现为交易不活跃，成交量也创出很长一段时间以来的最低水平，这说明了绝大部分投资者对市场后期走势的认同度非常高。这往往是因为市场人气十分低迷，交易极为不活跃，或者某只股票被主力机构高度控盘，其他人无法参与所致。地量大多出现在股价将要见到中长期底部之时，即地量的出现通常意味着中长线买进的时机就要到来。

七、天量

所谓天量是放量的一种极端表现，代表着某只股票或整个市场当天巨大的成交量。天量一般与突破相关联，指市场交易非常活跃，成交量创出较长时期以来的最高水平，通常所说的天量上涨或天量下跌，都是表示股票价格或指数与前段时间走势拉开了较大差距，预示着行情进入快速上升或下降通道以及形态反转的可能性增大。天量大多在股价上涨中期或中长期顶部以及大的利好利空时出现。"天量出天价"，出现天量往往意味着短线卖出的时机已经来临。

工作任务二　量价关系分析

量价分析的应用

一、量价关系在指数中的应用

（一）指数涨跌与量价关系

指数经过长期的下跌，形成底部并回升，但成交量并没有因为指数的上涨而增加，会造成股指数上涨乏力，指数再次跌落至先前波谷附近或略高于波谷处。假如，第二波谷的成交量低于第一波谷，很可能预示着指数即将上涨。

指数向下跌破移动平均线或趋势线，同时出现大的成交量，这是指数下跌的先兆，表明趋势将要反转。指数经历连续下跌之后，在低位出现大的成交量，指数却没有进一步下跌，变化不大，这是进货的良好时机。当指数经历连续上涨之后，突然出现急剧增加的成交量，而指数却没有继续上涨，显示高位抛压沉重，指数即将下跌。

当指数经历一段长时间的下跌后，市场上出现恐慌性卖盘，推动成交量不断扩大，后期指数仍将大幅度下跌；当恐慌性卖盘保持一段时间之后，常常是空头的终结，指数可能上涨，同时恐慌性卖盘所创的新低指数不会在极短的时间内被跌破。

（二）指数的量真价虚说法

量是价的先行者，当量增加时，指数迟早会涨上去；当指数不断上升而成交量不增加的时候，指数迟早会跌下来。因此，指数点位为虚，只有成交量才是真实有效的指标，成交量是指数的先行指标。

二、涨跌停板下的量价关系

涨跌停板制度限制了股价一天的涨跌幅度，多空的能量无法得到彻底释放，容易形成单边市，即出现一段行情只上不下或者只下不上。一般来说，开市就封涨停的股票走势较猛，只要当日涨停板没被打开，次日仍然有上冲的动力。对于尾盘突然拉至涨停的股票，主力很有可能会在次日做出出货或骗线的举动，投资者应当小心。

在涨跌停板下，量价分析的判断标准一般有以下四种情况：

第一，如果涨停时的成交量较小，则股价将继续上扬；如果跌停时的成交量较小，则股价将继续保持下跌。

第二，跌停关门的时间越早，后市继续下跌的可能性就越大；涨停关门的时间越早，后市继续上涨的可能性就越大。

第三，涨停中途被打开的次数越多、时间越久、成交量越大，则反转下跌的可能性就越大；同理，跌停中途被打开的次数越多、时间越久、成交量越大，则反转上升的可能性就越大。

第四，封住涨停板的买盘数量大小和封住跌停板时的卖盘数量大小说明买卖盘力量的大小，这个数量越大，则股价继续当前走势的可能性就越大，后续涨跌幅度也就越大。

三、量价配合下的股价走势

量价配合就是指股票价格和成交量的变化趋势和方向是相同的。股票价格上升，成交量也跟着攀升，说明后市向好；股票价格下跌，成交量也紧跟着下降，说明投资者对后市看好，持股惜售，转势反弹的概率很大。量价配合一般表现为两种情况，分别为量增价涨和量减价跌。

（一）量增价涨

量增价涨的走势通常会发生在多头初涨期、多头盘整结束、多头上升末期、空头盘整反弹和空头末期盘整五种行情中。

1. 多头初涨期

当股价完成底部构筑后，从空头行情转为多头走势时，为上涨初期，若股价出现上涨信号，应该趁此机会做多，这个时候出现放量，通常会有新的高价出现，可以持股待涨。

2. 多头盘整结束

当股价已经从底部开始上涨了一段时间，股价处在回升行情中，如果股价处于相对高位，则应注意股价的回档，当股价调整结束后，呈现再度上涨的多头走势时仍会伴随量增价涨的现象。若此时出现新高价，不一定会出现新高量。

3. 多头上升末期

当股价整理后继续上涨，在相对高位出现成交量激增，之后成交量迅速萎缩，股价小幅创新高后便迅速拉回，预示着股价未来将有可能面临强势回调。此时，股价在高位或上涨已久，是出货的最佳时机，因此在高位区且疑为多头上升末期，只要股价上涨而成交量异常放大，则很可能是主力高位出货。

4. 空头盘整反弹

当股价由多转空，初跌段结束之后，会紧接着出现反弹的短期多头行情。在反弹的过程中，也会出现量增价涨的态势，但因为拉升解套及低位短线获利的抛压会在反弹末端出现，所以通常会出现短期大成交，使走势呈现滞涨，并恢复之前的下跌走势。

5. 空头末期盘整

当股价处于空头下跌末期时，股价进入盘整过程，也会出现量增价涨的走势，此处的走势易与空头的反弹行情相混淆。投资者可以利用潮汐理论与波浪理论的特性，预估走势的方向。当底部盘整完成后，代表趋势将由空转多，投资者宜于底部确认完成时切入做多。

（二）量减价跌

量减价跌主要是指个股（或大盘）在成交量减少的同时，个股的股价也同步下跌的一种量价配合现象。量减价跌现象既可能出现在下跌行情的中期，也可能出现在上升行情的中期，对它们的研判过程和结果是不同的。

量减价跌的走势通常会发生在谷底时期、多头上涨期、空头初跌期、空头下跌期与空头下跌末期五种行情中。

1. 谷底时期

如果股价处于中期空头趋势中，20日移动平均线仍然持续下滑，通常会呈现量能跟随股价萎缩的情形。等到成交量不再创新低并维持3日以上时，再出现量增价涨的走势时，股价就会进入谷底时期。当股价反弹触及前波颈线或末跌段高点时会出现，在回调过程中，也会出现量缩价跌走势，这也是谷底时期的特殊现象。

2. 多头上涨期

股价上涨遇阻，短线呈现拉回的走势，当量价关系止跌企稳后，只要出现量增的走势，则股价还将持续上涨。

3. 空头初跌期

当多方承接力道减弱时，表明跌势即将开始。反弹时注意量价背离或是呈现大量不涨的迹象。

4. 空头下跌期

正常情况下，在长期多头的中期回调走势中，股价与量能的走势几乎呈现同步的状态，当量能出现极度萎缩，且 20 日均量走平，如果股价又不再下跌创新低，就说明抛压减轻，未来将会迎来反弹。

5. 空头下跌末期

股价经过一段下跌走势，出现了止跌的迹象，且近期跌幅或是与均线的乖离已经缩小，当成交量同步萎缩至低点时，暗示股价已快到底部。此时虽然买盘仍稀少，但同时也有卖家惜售现象，因此行情有望进入谷底期。

四、量价背离下的股价走势

当股价出现新的高峰时，成交量不但没有增加反而减少，也就是说股价和成交量的变动趋势和方向是相反的，这种现象称为量价背离。量价背离一般表现为两种情况，分别为量缩价涨和量增价跌。

（一）量缩价涨

量缩价涨是指个股（或大盘）在成交量减少的情况下，股价反而上涨的一种量价背离的现象，它大多出现在上升行情的末期，有时也会出现在下降行情中期的反弹过程中。量缩价涨的现象在下降行情和上升行情中的研判标准是有差别的。

在持续下降的行情中，股价经过短期内的大幅度下跌后，由于跌幅过大，主力没能够全部出货，所以，他们会抓住大部分投资者不忍心轻易割肉的心理，再用少量的资金将股价拉高，造成量缩价涨的假象，利用这样的反弹走势达到出货的目的。

在持续上升的行情中，适度的量缩价涨表明主力控盘程度很高，维持股价上升的实力比较强，大量的流通筹码被主力锁定。但量缩价涨毕竟显示的是一种量价背离的趋势，因此，在随后的上升过程中如果出现成交量再次放大的情况，则预示着主力可能在高位出货。

总之，对于量缩价涨的行情，投资者应该以持股或持币观望的态度为主。

（二）量增价跌

量增价跌是指个股（或大盘）在成交量不断增加的情况下，股价反而出现下跌走势的一种量价背离现象。这种现象大多数出现在下跌行情的初期，也有小部分出现在上升行情的初期。对量增价跌的研判，在下降行情和上升行情中是不同的。

在下跌行情的初期，股价经过一段较大的上涨后，市场上的获利筹码越来越多，投资者纷纷抛出股票，致使股价下跌，出现高位的量增价跌现象是卖出信号。

在上升行情的初期，有些个股会表现出量增价跌的现象。假如股价经过一段长时间的下跌或者底部较长时间的盘整后，这个时候，主力为了获得更多的低位筹码，就会采用边打压股价边吸货的手法，造成股价走势呈现量增价跌的迹象，但像这种情况也会随着买盘的不断增加、成交量的同时上升而消失，产生这种量增价跌的现象通常是底部买入的信号特征。

模块四 形态分析

工作任务一 持续整理形态的应用

形态理论通过研究股价走过的轨道，分析和挖掘曲线，显示多空双方力量对比的结果，进而指导交易行为。股价的移动是由多空双方力量大小决定的，股价在多空双方取得均衡的位置上下来回波动，原有平衡打破后，股价寻找新的平衡点，这样就形成了如下移动规律：保持平衡→打破平衡→新的平衡→再打破平衡→再寻找新的平衡→……

证券市场的获利者往往是在新的平衡打破之前或者打破的过程中采取行动而取得收益的。根据股价移动规律，可以将股价曲线的形态分成两类：持续整理形态和反转突破形态。前者保持平衡，后者打破平衡，与压力线、支撑线的突破一样，平衡的打破也需要识别假突破。

一、持续整理形态

持续整理形态是指股价经过一段时间的快速变动之后，就不再前进，而在一定区域内上下窄幅度变动，等时机成熟后再继续以往的走势。与反

形态分析的应用

转突破形态相比，持续整理形态通常较为短暂，一般属于短暂形态或中等形态类别。持续整理形态和反转突破形态并没有明显的界限，而只是具有一定的倾向性，譬如三角形形态通常属于持续整理形态，但有时也会成为反转突破形态，甚至头肩形这种主要的反转突破形态偶尔也会变成持续整理形态。常见的持续整理形态有三角形、矩形、旗形、楔形等。

（一）三角形

所谓三角形整理形态，是指股价经过一段时间的快速变动后，即不再前进而在一定区域内上下窄幅变动，等时机成熟后再继续以往的走势，其又分为对称三角形、上升三角形和下降三角形三种。

1. 对称三角形

它是由一系列的价格变动所组成的，其变动幅度逐渐缩小，也就是说每次变动的最高价低于前次的水准，而最低价比前次水准为高，呈一压缩图形，如从股价变动领域来看，其上限为向下斜线，下限为向上倾线，把短期高点和低点分别以直线连接起来，就可以形成一个相当对称的三角形。对称三角形成交量，因越来越小幅度的股价变动而递减，然后当股价突然跳出三角形时，成交量随之变大。对称三角形多数发生在上涨或下跌的途中，原有的趋势处于暂时休整状态，之后，还会继续沿原有的趋势方向运动。

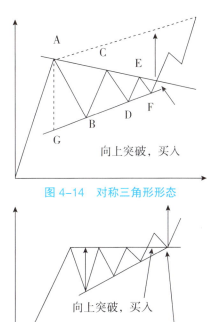

图 4-14　对称三角形形态

我们看一下对称三角形的例子，图 4-14 中的股价在经历一波上涨之后，接着形成对称三角形的形态，由 A、C、E 三个点连成一条压力线，股价每次都没有突破这条线，而 B、D、F 这三个点连成一条支撑线，使得股价的低点也在这个范围上，当股价到达 F 的位置的时候，继续拉升，成功向上突破支撑线，使得股价继续上涨。

2. 上升三角形

它的压力线是水平的，支撑线是斜向上的。此时股价在某水平呈现强大的卖压，价格从低点回升到水平便告一回落，但市场的购买力十分强大，股价未回至上次低点即告弹升，

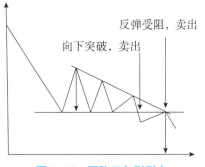

图 4-15　上升三角形形态

这情形持续使股价随着一条阻力水平线波动日渐收窄。我们若把每一个短期波动高点连接起来，可画出一条水平的阻力线；而每一个短期波动低点则可相连出另一条向上倾斜的线。成交量在形态形成的过程中不断减少（见图 4-15）。

3. 下降三角形

它的支撑线是水平的，压力线是斜向下的，它是多空双方在某价格区域内的较量表现，然而多空力量

图 4-16　下降三角形形态

却与上升三角形所显示的情形相反。看空的一方不断地增强卖出压力，股价还没回升到上次高点便再卖出，而看多的一方坚守着某一价格的防线，使股价每次回落到该水平便获得支持。此外，这形态的形成亦可能是有人在托价出货，直到出货完毕（见图4-16）。

（二）矩形

矩形在形成之初，多空双方全力投入，各不相让。空方在价格涨到某个位置就抛出，多方在股价下跌到某个价位就买入，时间一长就形成两条明显的上下界线。随着时间的推移，双方的战斗热情会逐步减弱，市场趋于平淡。

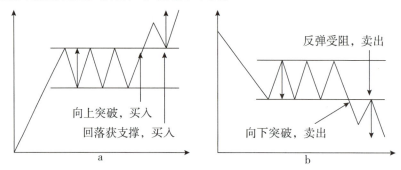

图 4-17　矩形形态

矩形是调整型，是指股价在两条并行线之间波动，然后再顺着以前的趋势波动。在该范围内升降，只有当收盘价在矩形上（下）颈线之外时，矩形形态才会完成（见图4-17）。长且窄的矩形常出现在底部；短而宽的矩形如果出现在顶部，当心它演变成三重顶转折形态。

矩形形态的注意要点：

（1）在形成的过程中，如出现交易量放大时，形态可能失败；

（2）上破上颈线需有大交易量配合，下破下颈线不需有大交易量出现；

（3）涨跌幅度约等于矩形的宽度；

（4）突破矩形后股价出现反向的话，也是在突破后的3天至3周内出现；

（5）比较窄的矩形威力要大些；

（6）股价上升时交易量大，下降时交易量小，是持续上升形态；反之，是持续下降的形态；

（7）提供了一些短线操作的机会。

（三）旗形

旗形形态通常出现在凌厉上涨或急速下跌中，股价进行短暂的形态修正后再次出现大幅上涨或快速下跌走势，其整体形状就像一面挂在旗杆顶上的旗帜，因此，这种特征被称之为旗形股价经过一个与原趋势运行呈相反方向倾斜的平行四边形整理运动就是旗形整理形态，股价下跌阶段中出现的被称为上升旗形，上升阶段出现的被称为下降旗形。

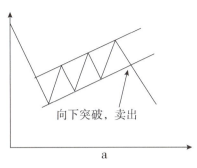
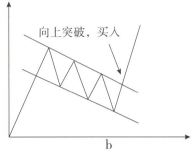

图 4-18 旗形形态

1. 上升旗形

上升旗形出现在下跌途中，短期股价形成一个略微上倾的整理运动，将高点和低点分别连接起来，就可以画出两条平行线，形成一个上倾的平行四边形，这就是上升旗形。

在下跌趋势中所形成的旗形，其形状为上升时图形之倒置，呈上飘状。在急速的直线下降中，成交量增加达到一个低点，然后遇支撑开始反弹，不过反弹幅度不大，成交量减少并不配合，这是空头市场中的多头在弱势抵抗，但得不到市场大多数投资者的认同，股价经过一段时间旗形整理，最终下行放量破位低点连续支撑线，股价继续下跌（见图4-18a）。

2. 下降旗形

在股价经过一波的上涨后，成交量放大后股价也受阻回落，小幅回调后便开始反弹，但反弹没有创出新高又出现回落，股价如此往复下移。将这个略微下倾的整理运动的高点和低点分别连接起来，就可以画出两条平行线，形成一个下倾的平行四边形，这就是下降旗形。

在急速的直线上升中途，成交量逐渐增加，最后达到一个短期最高纪录。早先持有股票者因获利而卖出，出现了获利回吐，上升遇到较大的阻力，追高力量暂时减弱，股价开始小幅下跌，不过大部分投资者对后市依然充满信心，所以回落的速度不快幅度也有限。同时，成交量不断减少，反映市场的沽售力量在回落中不断地减轻，经过一段时间清理筹码，在旗形整理末端股价放量上升，一举突破短期的高点下降压力线，股价又如形成旗形前移动速度一样再竖旗杆，这就是下降旗形的向上突破确立（见图4-18b）。

（四）楔形

1. 上升楔形

它是指股价经过一次下跌后，有较强的技术性反弹要求，价格升至一定水平后掉头下落，但回落点较前次的低点要高，随后再次上升至新高点，其后再回落，形成一浪高过一浪的走势。把短期高点相连，形成一条阻力线，同时把短期低点相连，形成一条支撑线，最后就形成两条同时向上倾斜的直线（见图4-19a）。

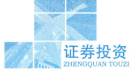

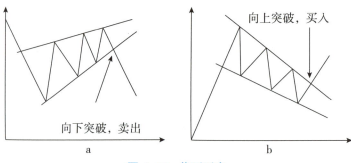

图 4-19　楔形形态

2. 下降楔形

下降楔形和上升楔形相反,一般出现在长期升势的中途。下降楔形指股价经过一段大幅上升后,出现强烈的技术性回抽,价格从高点回落,跌至某一低点即掉头回升。但回升高点较前次为低,随后的回落创出新低点,即比上次回落低点低,形成后浪低于前浪之势。把短期高点和短期低点分别相连,形成两条同时向下倾斜的直线,就组成了一个下倾的楔形,这就是下降楔形整理形态。上升趋势中的下降楔形实质上是股价上升过程中的一次调整波,是前期获利多头的一次回吐,往往其后是价格继续选择向上突破(见图 4-19b)。

楔形与三角形整理形态比较相似,其不同点在于楔形的上下两条边是朝同一个方向倾斜的。其次,楔形也偶尔出现在长期趋势接近尾声的顶部或底部作为反转形态。

二、缺口

缺口又称跳空,是指证券价格在快速大幅波动中没有留下任何交易的一段真空区域。缺口往往伴随着向某一个方向运动的一种较强动力。动力的强弱用缺口的宽度来衡量,动力越大,缺口越宽,反之,则越窄。缺口形成后,将成为日后的较强支撑与阻力区域。缺口的形态包括:普通缺口、突破缺口、持续性缺口、消耗性缺口等。

(一)普通缺口

它经常出现在股价整理形态中,特别是出现在矩形或对称三角形等整理形态中。由于股价仍处于盘整阶段,因此,在形态内的缺口并不影响股价短期内的走势。普通缺口具有一个比较明显的特点,即它一般会在 3 日内回补,同时成交量很小,很少有主动的参与者。如果不具备这个特点,就应考虑该缺口是否属于普通缺口形态。普通缺口的支撑或阻力效能一般较弱。普通缺口的短期内必补缺口的特征,给投资者短线操作带来了一个机会,即向上方向的普通缺口出现之后,在缺口上方的相对高点抛出证券,待普通缺口封闭之后买回证券;而向下方向的普通缺口出现之后,在缺口下方的相对低点买入证券,待普通缺口封闭之后再卖出证券。这种操作方法的前提是必须判明缺口是否为普通缺口,且证券价格的涨跌是否达到一定的幅度。

（二）突破缺口

突破缺口是证券价格向某一方向急速运动，跳出原有形态所形成的缺口。突破缺口蕴含较强的动能，常常表现为激烈的价格运动，具有极大的分析意义，一般预示行情走势将要发生重大变化。突破缺口的形成在很大程度上取决于成交量的变化情况，特别是向上的突破缺口。若突破时成交量明显增大，且缺口未被封闭（至少未完全封闭），则这种突破形成的缺口是真突破缺口。若突破时成交量未明显增大，或成交量虽大，但缺口很快就被封闭，则这种缺口很可能是假突破缺口。一般来说，突破缺口形态确认以后，无论价位（指数）的升跌情况如何，投资者都必须立即做出买入或卖出的指令，即向上突破缺口被确认立即买入，向下突破缺口被确认立即卖出，因为突破缺口一旦形成，行情走势必将向突破方向纵深发展。

（三）持续性缺口

持续性缺口是证券价格向某一方向有效突破之后，由于急速运动而在途中出现的缺口，它是一个趋势持续的表现。在缺口产生的时候，交易量可能不会增加，但如果增加的话，则通常表明一个强烈的趋势。

持续性缺口的市场含义非常明显，它表明证券价格的变动将沿着既定的方向发展变化，这种变动距离大致等于突破性缺口至持续性缺口之间的距离，体现了缺口的测量功能。持续性缺口一般不会在短期内封闭，因此可在向上运动的持续性缺口附近买入证券，或者在向下运动的持续性缺口附近卖出证券，不必担心是否会套牢或踏空。

（四）消耗性缺口

消耗性缺口出现在行情趋势的末端，表明股价变动的结束。若行情走势中已出现突破性缺口和持续性缺口，那么随后出现的缺口就很可能是消耗性缺口。判断消耗性缺口最简单的方法是观察缺口是否会在短期内封闭。若缺口封闭，则表明该消耗性缺口形态确立。消耗性缺口通常伴随着大的成交量，投资者在上升趋势出现消耗性缺口时卖出证券，在下跌趋势出现消耗性缺口时买入证券。

工作任务二　反转突破形态的应用

反转突破形态主要有头肩形态、双重顶（底）形态、圆弧顶（底）形态、喇叭形以及V形反转形态等。

一、头肩形态

头肩形态分为头肩顶与头肩底。在经过一轮的上涨后，过程中也伴随着成交量的放大，紧随其后的一段小回落，相应的成交量也较之前上涨时有所减小，形成左肩。调整后伴随着又一轮可观的成交量的上涨，达到了高于左肩顶部一定幅度的水平，然后是另一个回落，期间成交量有所减少，价格下跌至前次回落的底部水平附近或者稍微高一点或低一点，但有一点肯定的是低于左肩的顶点，形成头部。第三轮上涨，但是这一次成交量低于左肩、头部形成时所伴随的成交量，同时还没来得及达到头部的高度就开始新一轮的下跌，形成右肩。最后，第三轮回落中价格跌破颈线，即左肩的右侧与右肩的左侧回调的底部连成的一条直线，并在该线以下下跌3%以上的位置收盘，这是向下突破的确认（见图4-20）。头肩底的情况和头肩顶的情况刚好相反，形态和判断方法类似头肩顶（见图4-21）。

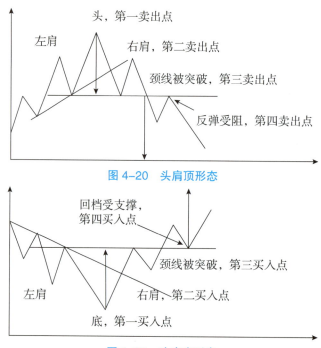

图 4-20　头肩顶形态

图 4-21　头肩底形态

二、双重顶（底）形态

双重顶或双重底，这两种形态我们又经常称之为 M 头或者 W 底。在双重底的形态中，股价跌到某一价格水平——下跌中和低点上通常伴随着活跃的交易（左底），随后缩量反弹到颈线附近，接着伴随着一定程度（但小于前一峰）的放量，价格又在前一顶部的价格水平（或基本相同的水平，右底），最后上升，并在颈线上方3%以上的位置形成突破。投资者可在右底买入（第一个买入点），但这往往难度大，而且具有一定的风险，建议投资者在 K 线突破颈线之后买入（这是第二个买入点）（见图4-22）。双重顶形态和双重底形态相反，可以反向去推断双重顶的操作（见图4-23）。

此外，既然有双重顶（底）形态，也存在从双重顶（底）演变过来的三重顶（底）、多重顶（底）。以三重顶为例，它与双重顶有类似性，它的顶部相当宽，期间通常有深而圆的回落。成交量上在第二次上涨中明显比第一次少，在第三次上涨中就更少。这三个高峰没必要离得像双顶中两峰那么远，而且间隔不一定要相等。同时，两个谷底没必要恰好在同一价位，第一个谷可以比第二个谷浅，反过来也行。三个峰值不必出现在完全相同的价位上，可以容忍 3% 的价格区间。

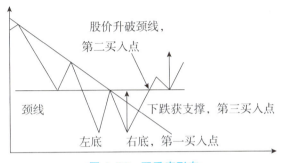

图 4-22　双重底形态

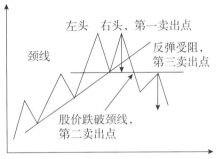

图 4-23　双重顶形态

三、圆弧顶（底）形态

把多重头肩形态进行扩展演化，就会形成另一种形态，我们称之为圆弧形态。头肩形态中，在其最终放弃并屈服之前，趋势会反复地突起、挣扎、反抗。在这一个过程中，供求对比发生波动，常常幅度极大，直到一方战胜另一方为止。在多重形态中也会出现类似的情况，但没有那么剧烈，而且持续一段时间后，从一种力量向另一种力量的转变往往变动极为明显。圆弧形态就是这一技术现象演化出的更简单、更符合逻辑的结果。由于买卖双方力量之前的对比逐渐改变，图形上就简单而平稳地勾画出趋势方向平缓、渐进的而且相对对称的改变。

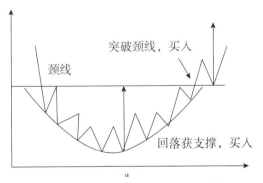

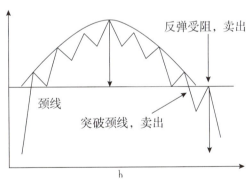

图 4-24　圆弧形态

在圆弧底形态中，股价在底部不断调整，在调整的过程中先向下调整，经历低点后再向上调整，几个月后形成一个弧形，当股价突破圆弧的颈线之后，股价开始蓄势上涨，上涨的高度与颈线的长度基本一致，也就是说"底有多长，涨有多高"。圆弧底部盘整的时间越长，未来的涨势就越好（见图 4-24a）。圆弧顶形态与之相反（见图 4-24b）。

四、喇叭形形态

喇叭形也称为扩大形或增大形，因为这种形态酷似一个喇叭，故得此名。这种形态其实也可以看成是一个对称三角形倒转过来的结果，是三角形的变形体，大多出现在顶部，为看跌形态。

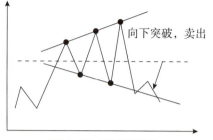

图 4-25　喇叭形形态

喇叭形也是头肩顶的变形，股价经过一段时间的上升后下跌，然后再上升再下跌，上升的高点较上次更高，下跌的低点亦较上次的低点更低，也就是说在完成左肩与头部之后，在右肩反弹时超越头部的高点创出新高。整个形态以狭窄的波动开始，然后在上下两个方向扩大，把上下的高点和低点分别连接起来，就可以画出一个"笑里藏刀"的喇叭形，也像是右肩创新高的头肩顶。

从图 4-25 中看出，由于股价波动的幅度越来越大，形成了越来越高的三个高点，以及越来越低的两个低点。这说明当时的交易异常地活跃，成交量日益放大，市场已失去控制，完全由参与交易的公众的情绪决定。在这个混乱的时候进入股市是很危险的，进行交易也十分困难。在经过了剧烈的动荡之后，人们的热情会渐渐平静，远离这个市场，股价将逐步地往下运行。

三个高点和两个低点是喇叭形已经完成的标志。股票投资者应该在第三峰调头向下时就抛出手中的股票，这在大多数情况下是正确的。如果股价进一步跌破第二个谷的价位（下方箭头处），则喇叭形完成得到确认，抛出股票更成为必然。

股价在喇叭形之后下调过程中，肯定会遇到反扑，而且反扑的力度会相当大，这是喇叭形的特殊性。但是，只要反扑高度不超过下跌高度的一半（图中虚线位置），股价下跌的势头还是会持续的。

五、V 形反转形态

V 形反转是一种很难预测的反转形态，它往往出现在市场剧烈的波动之中。无论是 V 形顶（见图 4-26a）还是 V 形底（见图 4-26b），都没有一个明显的形成过程，受突如其来的因素影响，走势来得比较突然，一般仅用 2 至 3 个交易日，甚至一个交易日完成转向过程。V 形反转的一个重要特征是在转势点必须有大成交量的配合，且成交量在图形上形成倒 V 形，若没有大的成交量的配合，则走势并不可靠。

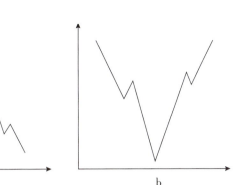

图 4-26　V 形形态

模块五　技术指标分析

技术指标的优缺点

技术指标法是技术分析的重要手段，它通过对股票开盘价、收盘价、最高价、最低价、成交量和成交金额等原始数据进行加工整理，用数值和图形呈现出来，以此作为依据来判断后市大概率的行情。所以技术指标是基于已经产生的历史数据生成的，反映的是过去的事实，盲目相信技术指标也会带来较大的危害。虽然如此，它的优点也不可否认，它可以比原始数据呈现出更加深层次的内涵，更加直观地指导买卖操作。国际上使用的技术指标非常多，甚至不断有新的指标开发出来以适应不同投资者的个性需求，但大体上的应用法则有三点，即指标的数值，指标的交叉，指标的背离。

技术指标在使用中都有一个共同的特点，即只重视股价，不重视成交量，因此运用技术指标时还需辅以成交量的配合。对技术指标的掌握在精不在多。

工作任务一　移动平均线的应用

一、什么是移动平均线

移动平均线，又称均线，简称 MA，它的创始人是美国的格兰维尔。移动平均线的计算方法是将过去一段时间内的收盘价平均，例如 5 日移动平均线即为前 5 日的收盘价平均所得。移动平均线堪称"指标之王"，它代表了一段时间内市场持有者的平均成本。移动

平均线可以分为5日、10日、20日、30日等多周期指标。注意，不同周期的K线图的移动平均线使用上颇为雷同，因此以日线图为例进行说明。

在股票软件中，移动平均线在K线图主图中，用不同颜色代表不同周期，5日线和10日线通常代表短期趋势，30日线和60日线则代表中期趋势，120日线和250日线代表长期趋势，如果股价跌破相应周期的均线，则代表相应趋势结束。

如图4-27贵州茅台的走势图中，五色的线就是不同周期的移动平均线。从图中可以发现，茅台的股价大部分时候是站在5日均线上方，这代表着短期走势极强势，之后股价进行调整，但大部分时候不会跌破30日均线。这也说明中期趋势仍然未破。

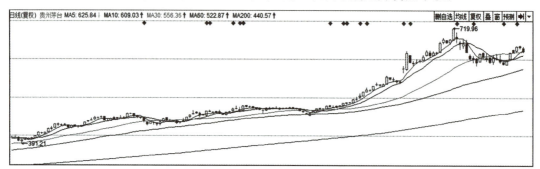

图4-27 贵州茅台日K线图

二、移动平均线主要应用：格兰维尔八大法则

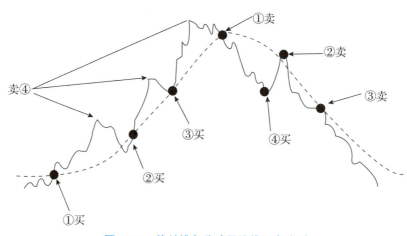

图4-28 格兰维尔移动平均线八大法则

图4-28概括了格兰维尔移动平均线应用的八大法则，图中实线为股价，虚线为移动平均线，说明如下：

（1）买1，黄金交叉；在股价上升初期，移动平均线开始走平或向上，股价向上穿过移动平均线形成金叉，这是买入信号。

（2）买2，小幅跌破；在上涨过程中，股价出现回调，至均线下方，但随后重新站上均线，这是买入信号。

（3）买3，回测不破；与买2类似，但股价线尚未跌破移动平均线，只要移动平均线依然呈上升趋势，前者也转跌为升，这是买入信号。

（4）买4，乖离过大；股价线与移动平均线都在下降，问题在于股价线狠狠下挫，远离了移动平均线，表明反弹指日可待，这是买入信号。

（5）卖1，死亡交叉；股价在经过上涨之后，移动平均线开始走缓或者向下，股价由上向下穿过移动平均线，这是卖出信号。

（6）卖2，小幅反弹；股价线和移动平均线均很令人失望地下滑，这时股价线自下方上升，并突破了仍在下落的移动平均线后又掉头下落，这是卖出信号。

（7）卖3，反弹不破；稍现反弹的股价线更加软弱，刚想突破移动平均线却无力突破，这是卖出信号。

（8）卖4，乖离过大；股价一路暴涨，远远超过了虽也在上升的移动平均线，暴涨之后必有暴跌，这是卖出信号。

通常，在上涨过程中，移动平均线保持向上，在下跌过程中，移动平均线则会下降，我们由此来判断股价的运行方向，并根据格兰维尔八大法则来选择买卖点。

三、移动平均线其他应用

（一）单根均线的意义

1. 5日均线

5日是股票交易的一周时间，5日均线对应的是一周交易的平均价格。只要股价不跌破5日均线就说明该股处于极强势状态。例如贵州茅台股价长期处于5日均线上，属于极强势个股（见图4-29）。

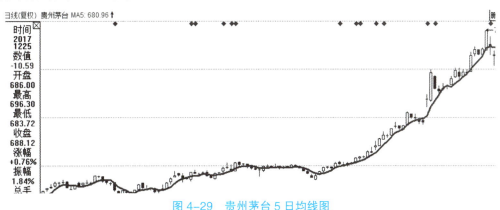

图4-29　贵州茅台5日均线图

2. 10日均线

10日均线又称半月线，只要股价不跌破10日均线，就说明该股还处于强势状态。例如格力电器在上涨过程中，它的每次回调都受到10日均线的支撑，属于强势状态（见图4-30）。

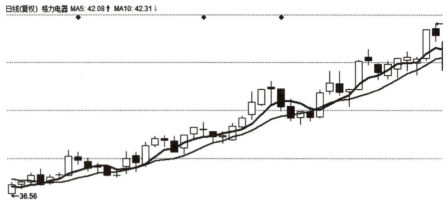

图 4-30 格力电器 5 日、10 日均线图

3. 20 日均线

20 日均线表示月线，对应的是一个月的平均股价，表明在这一个月中市场交易者是普遍获利还是普遍被套。20 日均线意味着短期趋势向中期趋势演变的方向。

4. 30 日均线

30 日均线具有特殊作用，只要股价不跌破 30 日均线，意味着短期上升行情没有结束；一旦 30 日均线被股价突破，则可能预示短线主力已经出局。

（二）MA 排列

1. 多头排列

短期 MA 在长期 MA 之上，例如 MA5 > MA10 > MA30 > MA60。

以复星医药为例，该股在经过了一段时间的盘整之后，均线由缠绕到发散，最后呈现均线多头排列的情况，代表这段时间股价短期强势（见图 4-31）。

图 4-31 复星医药日 K 线图

2. 空头排列

长期 MA 在短期 MA 之上，例如 MA60 > MA30 > MA10 > MA5。

以沈阳化工为例，该股在经过了一段时间的盘整之后，均线由缠绕到发散，最后呈现均线空头排列的情况，代表这段时间股价走弱明显（见图4-32）。

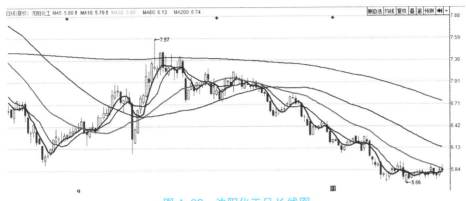

图4-32　沈阳化工日K线图

（三）均线交叉

金叉：当长期均线向上，短期MA上穿长期MA，形成金叉，为买入信号（见图4-33a）。

死叉：当长期均线向下，短期MA下穿长期MA，形成死叉，为卖出信号（见图4-33b）。

综上所述，均线处于多头排列意味着股价处于上涨趋势，此时的金叉代表入场点，死叉代表短期回调；反之，均线处于空头排列意味着股价处于下跌趋势，此时的死叉代表卖出点，金叉代表短期反弹。

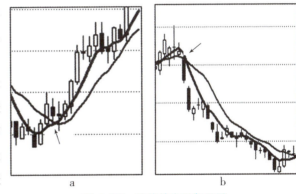

图4-33　均线的金叉与死叉

工作任务二　MACD 的应用

一、什么是 MACD

MACD全名是指数平滑异同移动平均线，是最常用的技术指标之一。在软件中，位于K线图下方。如图4-34所示，MACD由三部分组成，即DIFF线、DEA线、BAR（柱状线）。

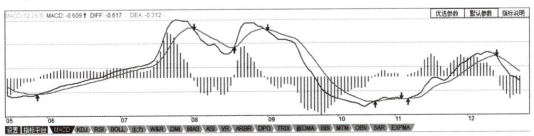

图4-34　MACD 指标

二、MACD 应用法则（见表 4-1）

值：0 轴以上多头市场，0 轴以下空头市场。

交叉：DIFF 上穿 DEA，金叉，买入；DIFF 下穿 DEA，死叉，卖出。

背离：股价上扬，指标无，顶背离，卖出；股价下挫，指标无，底背离，买入。

表 4-1　MACD 应用指南

O 轴以上	金叉	0 轴附近金叉较佳
	死叉	谨慎起见卖出，但可能只是回调
O 轴以下	金叉	买入信号弱，往往上涨幅度不大
	死叉	坚决卖出
顶背离		引起注意，涨势很难继续
底背离		引起注意，止跌

三、MACD 的缺点

MACD 在使用时，若出现金叉往往代表一段上涨趋势的开始，但是在股价横盘期间使用 MACD 会容易误解股价即将进入一波上涨。另外，MACD 具有滞后性，日 K 线图中的 MACD 往往在股价上涨一段时间后才会出现买入信号。

工作任务三 KDJ 的应用

一、什么是 KDJ

KDJ 全名是随机指标，由乔治·莱恩首创，是期货和股票市场中最常用的技术指标之一。在软件中，位于 K 线图下方。如图 4-35 所示，KDJ 由三部分组成，即 K 线、D 线、J 线。其中，J 线反应最灵敏，D 线次之，K 线最慢。

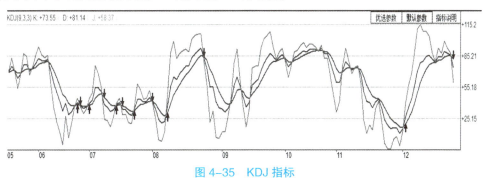

图 4-35　KDJ 指标

二、KDJ 应用法则

KD 值：80 ～ 100 超买区，回调，卖出；

　　　　50 ～ 80 多头市场，持股；

　　　　20 ～ 50 空头市场，持币；

　　　　0 ～ 20 超卖区，反弹，轻仓买入。

J 值：0 或 0 以下，买入；

　　　100 或 100 以上，卖出。

交叉：K 上穿 D，金叉，买入；K 下穿 D，死叉，卖出。

背离：股价上扬，指标无，顶背离，卖出；股价下挫，指标无，底背离，买入。

三、KDJ 的缺点

KDJ 在使用时，由于 J 线过于灵敏，常常会出现钝化现象。KDJ 金叉和死叉出现的数量也会比 MACD 多，往往金叉过后便是死叉。

工作任务四　布林线的应用

一、什么是布林线

布林线（BOLL）的计算过程比较复杂，主要用到了统计学中的置信区间的概念。布林线以移动平均线为中心，计算出一个上限和一个下限。布林线的含义就是在过去的 n 个交易日里，价格波动有大约 95％ 的概率在这个由上限和下限圈定的区间内波动。这个区间的宽窄随股价波动幅度的大小而变化。股价涨跌幅度宽阔时，区间会变宽；涨跌幅度狭小时，这个区间会变窄。

当股价在这个区间内波动时，属于正常状态，如果股价波动超出了这个区间，说明股价波动出现了异常，投资者应该引起注意。

二、布林线的应用方法

（1）股价向上穿越上限时，将形成短期回档，因为股价有 95％ 的概率在这个上限之下，此时为短线的卖出时机。

（2）股价向下穿越下限时，将形成短期反弹，因为股价有 95％ 的概率在这个下限之上，此时为短线的买进时机。

（3）当布林线的宽度由狭窄变为宽阔，是大行情的先兆。因为布林线的宽度变宽，说明股价的波动幅度正在加大。在价格经过长时间的小幅波动后，如果布林线的宽度变大，且股价向上穿越上限，同时上升的幅度还不算大时，是短线的买入时机；如果股价向下穿越了下限，同时下降的幅度还不算大时，是短线的卖出时机。

工作任务五　相对强弱指标的应用

一、什么是 RSI

相对强弱指标（RSI）又叫力度指标，由威尔斯·魏尔德创造，是目前股市技术分析中比较常用的中短线指标。RSI 是根据股票市场上供求关系平衡的原理，通过比较一段时期内单个股票价格的涨跌幅度或整个市场的指数的涨跌的大小来分析判断市场上多空双方买卖力量的强弱程度，从而判断未来市场走势的一种技术指标。

计算 RSI 值一般是以 5 日、10 日、14 日为计算周期。另外也有以 6 日、12 日、24 日为计算周期的。一般而言，若采用的周期的日数短，RSI 指标反应可能比较敏感；日数较长，可能反应迟钝。目前，沪深股市中 RSI 所选用的基准周期为 6 日和 12 日。

二、RSI 的应用方法

（一）RSI 取值大小

80 ～ 100 极强，卖出；

50 ～ 80 强，买入；

20 ～ 50 弱，观望；

0 ～ 20 极弱，买入；

这里的"极强""强""弱""极弱"只是一个相对的分析概念，是一个相对的区域。有的投资者也可把它们取值为 85、70、30、15。

（二）RSI 数值的超买超卖

当 RSI 值超过 80 时，则表示整个市场力度过强，多方力量远强于空方力量，双方力量对比悬殊，多方大胜，市场处于超买状态，后续行情有可能出现回调或转势，此时，投资者可卖出股票。

当 RSI 值低于 20 时，则表示市场上卖盘多于买盘，空方力量强于多方力量，空方大举进攻后，市场下跌的幅度过大，已处于超卖状态，股价可能出现反弹或转势，投资者可适量建仓，买入股票。

当 RSI 值处于 50 左右时，说明市场处于整理状态，投资者可观望。

（三）长短期 RSI 线的交叉情况

短期 RSI 是指周期相对较短的 RSI，长期 RSI 是指周期相对较长的 RSI。比如，6 日 RSI 和 12 日 RSI 中，6 日 RSI 即为短期 RSI，12 日 RSI 即为长期 RSI。长短期 RSI 线的交叉情况可以作为我们研判行情的方法。

当短期 RSI> 长期 RSI 时，市场则属于多头市场。

当短期 RSI< 长期 RSI 时，市场则属于空头市场。

当短期 RSI 线在低位向上突破长期 RSI 线时，一般为 RSI 指标的黄金交叉，为买入信号。

当短期 RSI 线在高位向下突破长期 RSI 线时，一般为 RSI 指标的死亡交叉，为卖出信号。

（四）RSI 曲线的形态

当 RSI 曲线在高位（50 以上）形成 M 头或三重顶等高位反转形态时，意味着股价的上升动能已经衰竭，股价有可能出现长期反转行情，投资者应及时地卖出股票。

当 RSI 曲线在低位（50 以下）形成 W 底或三重底等低位反转形态时，意味着股价的

下跌动能已经减弱，股价有可能构筑中长期底部，投资者可逢低分批建仓。

RSI 曲线顶部反转形态对行情判断的准确性要高于底部形态。

（五）RSI 曲线的背离

RSI 指标的背离是指 RSI 指标的曲线的走势和股价 K 线图的走势方向正好相反。RSI 指标的背离分为顶背离和底背离两种。

当 RSI 处于高位，但在创出 RSI 近期新高后，反而形成一峰比一峰低的走势，而此时 K 线图上的股价却再次创出新高，形成一峰比一峰高的走势，这就是顶背离。顶背离现象一般是股价在高位即将反转的信号，表明股价短期内即将下跌，是卖出信号。

RSI 的底背离一般出现在 20 以下的低位区。当 K 线图上的股价一路下跌，形成一波比一波低的走势，而 RSI 线在低位却率先止跌企稳，并形成一底比一底高的走势，这就是底背离。底背离现象一般预示着股价短期内可能将反弹，是短期买入的信号。

与 MACD、KDJ 等指标的背离现象研判一样，RSI 的背离中，顶背离的研判准确性要高于底背离。当股价在高位，RSI 在 80 以上出现顶背离时，可以认为股价即将反转向下，投资者可以及时卖出股票；而当股价在低位，RSI 也在低位出现底背离时，一般要反复出现几次底背离才能确认，并且投资者只能做战略建仓或做短期投资。

工作任务六 乖离率指标的应用

一、什么是 BIAS

乖离率指标（BIAS）是依据格兰维尔移动平均线八大法则而派生出来的一项技术分析指标，用来计算股价指数或个股的收盘价与移动平均线之间的差距，它的功能在于测算股价在变动过程中与移动平均线的偏离程度，从而得出股价在剧烈变动时，因偏离移动趋势过远而可能造成的回档和反弹。乖离率指标 BIAS 认为如果股价离移动平均线太远，不管是股价在移动平均线之上，还是在移动平均线之下，都不会保持太长的时间，而且随时会有反转现象发生，使股价再次趋向移动平均线。

二、BIAS 的应用方法

乖离率的数值的大小可以直接用来研究股价的超买超卖现象，判断买卖股票的时机。由于选用乖离率周期参数的不同，对行情的研判标准也会随之变化，但大致的方法基本相似。以 5 日和 10 日乖离率为例，具体方法如下：

一般而言，在弱势市场上，股价的 5 日乖离率达到 −5 以上，表示股价超卖现象出现，可以考虑开始买入股票；而当股价的 5 日乖离率达到 5 以上，表示股价超买现象出现，可以考虑卖出股票。

在强势市场上，股价的 5 日乖离率达到 −10 以上，表示股价超卖现象出现，为短线买入机会；当股价的 5 日乖离率达到 10 以上，表示股价超买现象出现，为短线卖出股票的机会。

结合我国沪深股市的实际情况，在一些暴涨暴跌的时机，对于综合指数而言，当 10 日乖离率大于 10 以上时，预示股价指数已经出现超买现象，可开始逢高卖出股票；当 10 日乖离率小于 −5 时，预示股价指数已经出现超卖现象，可开始逢低吸纳股票。而对个股而言，当 10 日乖离率大于 15 以上为短线卖出时机，当 10 日乖离率小于 −10，为短线买入时机。

实 战 演 练

1. 在软件中调出 MA 均线：右键选择"常用线型与指标"→"均线"。

2. 根据以下要求调节参数：将个股均线调节为显示 3 条，MA5 红色，MA20 粉色，MA60 黄色，略粗一点。

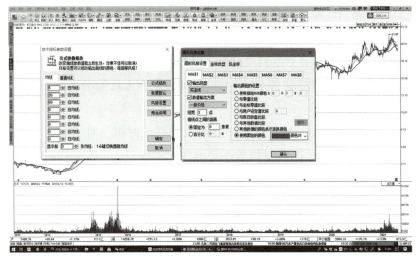

3．将软件界面改为 3 窗模式，并调出所需的技术指标 MACD、KDJ、BOLL 等。

4．学会在主图中叠加指标，以 BOLL 为例：右键选择"叠加指标"→"选择指标"。

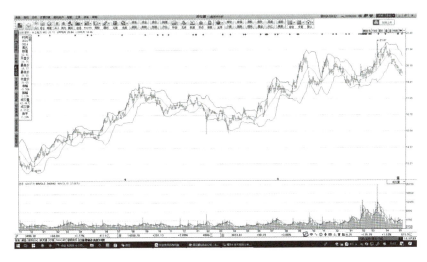

课 后 习 题

一、单项选择题

1. K线与D线交叉突破，当K值大于D值时，表明当前是一种向上涨升的趋势，因此K线从下方向上突破D线时，是（   ）的信号。

A. 卖出   B. 买进

C. 都可   D. 无法判断，观望

2. 下列有关RSI的描述，不正确的有（   ）。

A. 其参数为天数，一般有5日、10日、14日等

B. 短期RSI小于长期RSI，则属于空头市场

C．RSI 的计算只涉及开盘价

D．RSI 的取值介于 0 ～ 100 之间

3．在技术分析中，如乖离率为（   ）则应买入股票。

A．+7％   B．+3％   C．0   D．–6％

4．MACD 指标出现顶背离时应（   ）。

A．买入   B．观望   C．卖出   D．无参考价值

5．由三根小阳线依次上升组成的 K 线组合，通常被称为（   ）。

A．红三兵   B．三只乌鸡   C．早晨之星   D．黄昏之星

6．下列不属于趋势方向的是（   ）。

A．上升   B．下降   C．水平   D．波浪

二、多项选择题

1．下列哪些指标应用是不正确的（   ）。

A．利用 MACD 预测时，如果 DIF 和 DEA 均为正值，当 DEA 向上突破 DIF 时，买入

B．当 MACD 高于 80，即处于超买状态，行情即将见底，买入

C．当 KDJ 在较高位置形成了多重顶，则考虑卖出

D．当短期 RSI 小于长期 RSI 时，属于多头市场

2．对于 KDJ 指标的应用，下列正确的有（   ）。

A．绝大多数情况下，K 与 D 发生的死亡交叉是卖出信号，黄金交叉则是买入信号

B．KD 的取值范围都是 0 ～ 100，KD 超过 80 就应该考虑卖出，低于 20 就应该考虑买入

C．当 D 指标在较高位置形成了头肩形时，是卖出信号

D．KD 指标的曲线也可以画趋势线，具有支撑和压力作用，向下突破支撑线，是卖出信号

3．下列（   ）走势发出了买入信号。

A．平均线 MA 从下降开始走平，股价从下上穿平均线

B．长期平均线 MA 从下降开始走平，然后上穿短期平均线

C．股价跌破平均线 MA，并连续暴跌，远离平均线

D．股价上穿平均线 MA，并连续暴涨，远离平均线

4．下列关于支撑线与压力线的说法正确的是（   ）。

A．支撑线起到阻止股价继续下跌的作用。

B．阻力线起到阻止股价继续下跌的作用。

C. 支撑线与压力线能相互转化。

D. 支撑线短期内是无法被突破的。

5. 下列说法正确的是（　　　）。

A. 涨停关门的时间越早，后续上涨的概率就越大。

B. 跌停关门的时间越早，后续下跌的概率就越大。

C. 量是价的先行者，当成交量增加时，指数迟早会涨上去。

D. 量价背离一般表现为量缩价涨和量增价跌。

三、判断题

1. 乖离率表示每日股价指数与均衡价格之间的距离，差距越小，回到均衡价格的可能性越大。　　　　　　　　　　　　　　　　　　　　　　　　　　（　　　）

2. 在技术分析中，选择计算 RSI 的周期一般需要根据分析对象价格波动的特性和一般幅度做出决定。　　　　　　　　　　　　　　　　　　　　　　　　（　　　）

3. 股价移动平均线对股价的预期与计算周期所取的天数有关，天数越少，移动平均线对股价的变动越敏感。　　　　　　　　　　　　　　　　　　　　　（　　　）

4. 矩形形态属于持续整理形态，比较窄的矩形威力要大些。　　　　　（　　　）

5. 一般来说，圆弧底的底部盘整时间越长，未来的涨势就越好。　　　（　　　）

四、简答题

1. 简述移动平均线的作用与格兰维尔移动平均线八大法则。

2. 利用移动平均线操作要注意哪些问题？

项目五 投资策略

学习目标 ›

◆ 了解投资者交易风格。
◆ 熟悉抓涨停板策略并适当应用。
◆ 了解做 T 策略并学会适当应用。
◆ 掌握资金管理策略并实施。
◆ 掌握风险管理策略并制定策略。

关键词：交易风格、抓涨停板策略、做 T 策略、资金管理

思维导图 ›

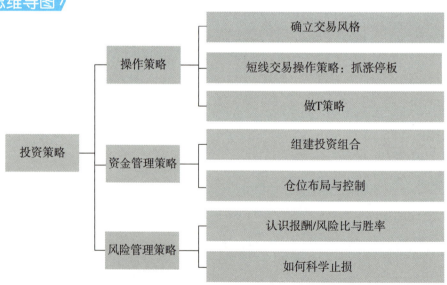

老王的炒股心路历程

　　老王作为证券公司的高净值客户，经常与客户经理小何聊天。老王向小何表示自己炒股多年，却往往很难做到管住自己。当他看好的股票下跌时，他不愿意卖掉，而总是加仓。当买入的股票上涨时，他也总是舍不得卖掉，死捂着不放。有时候，他也操作得非常成功，五只股票有四只赚钱，可是偏偏仓位最重的那一只亏钱，他觉得自己非常倒霉。

　　小何开导并安慰了他，提出老王需要学习操作策略和资金管理。老王对此兴趣浓厚。

模块一　操作策略

工作任务一　确立交易风格

一、交易的类型

　　在证券市场中，投资者根据自身的投资习惯寻找合适自己的投资策略，并形成自身的投资风格。机构投资者往往更加注重基本面分析，因为资金体量庞大，他们更注重中长线投资。个人投资者因为资金体量一般较小，追求风险更高的短期利润，从而形成一些短线风格。每个投资者可以根据自己的经验和操作策略，确立自身的投资风格。交易风格主要有短线、中线和长线。短线一般为 3 个月以内，中线一般为 3 ～ 12 个月，长线则超过 1 年。著名股票投资人巴菲特的持股甚至超过 10 年。不同的投资风格采用不同的交易策略，这里先介绍一下主要的三种交易方式。

（一）短线交易

　　短线交易者是在短期内追求最大利润，同时承担着高风险的投资者。他们的持股周期很短，可能只有几个交易日。市场对于优秀的短线投资者要求是很高的，他们往往需要快速做出买卖判断，依托的往往不是理性细致的分析，而是交易的盘感。

（二）中线交易

中线交易又叫波段交易，介于短线交易和长线交易之间。中线交易的持股时间常在两个星期至三个月之内。中线交易者往往是根据 K 线图上支撑位与阻力位之间的运行空间来操作的，也有的是根据均线的排列来判断一个趋势的形成与完结，并由此进行波段交易的，还有的则是根据行业周期和局部市场周期来进行交易的。

（三）长线交易

长线交易者一般更注重公司的基本面，持股周期在一年以上。他们注重长期趋势，厌恶价格波动和频繁交易，他们之所以能长期持仓，是源于自己的投资理念和交易纪律。

二、交易风格的类型

对于绝大多数交易者而言，需要明确自己侧重于做哪种类型的交易，才能谈到后来的交易策略和交易控制。一般来说，上述三种交易方式会形成四种交易风格。

如何确立我们的交易风格

（一）激进型交易风格

这种交易者侧重于短线交易，常常以短、平、快的方式从中、长线交易者手中获得利润。他们敢于冒险且频繁操作，认为时间越短风险越小。激进型交易者往往追求高风险、高利润的操作手法，这种手法一般是小资金所有者的偏爱。他们敢于追高也敢于探底，常常采用孤注一掷的满仓方式进行交易。如果交易时机把握正确，则其往往拥有较大的盈利空间；反之，则容易造成较大的亏损。

（二）稳健型交易风格

这种交易者以波段交易为主，处于激进型风格和保守型风格之间，既避开了短线交易者的交易成本巨大问题，又避免了长线交易者的长期持股风险问题。稳健型交易者讲究稳中求进，攻防兼备。他们常常选择报酬/风险比较高的时机作为交易点，且往往不会只有一个买入点；在仓位上，也往往不会进行满仓操作，最多也只是保持 2/3 的仓位。

（三）保守型交易风格

这种交易者以长线投资为主，不在意股价短期内的波动，他们不等到牛市、熊市的信号往往就不会进行交易。他们习惯于投资多只股票，信号不明确时，通常不会进场交易。他们一般选择在低位进场，绝不轻易追高。买入点往往是一个价格区间，而非简单的几个买入点。他们一般不会满仓操作，而是把资金分队，本着"宁可不赚钱，但求不亏损"的交易原则，在熊市里做短线交易，在牛市里做中长线交易，意图适应市场而不是适应自己。

（四）混合型交易风格

这种交易者往往将上述交易风格集中起来，在熊市和震荡市里做短线交易，在牛市里

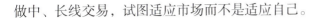

做中、长线交易，试图适应市场而不是适应自己。

三、市场主体的交易风格

市场中的投资参与者依据自身的盈利目标、交易理念以及资金体量呈现出鲜明的交易风格。一般来说，交易主体分为机构投资者和个人投资者。个人投资者一般认为是个体且没有明显组织形式的投资者，除此之外，具备一定规模和组织形式的都可称为机构投资者。机构投资者的数量增加是一种整体趋势，但目前我国的个人投资者依旧占据70%以上的比例。大部分的机构投资者追求长期稳定的盈利，也有部分机构投资者以短线交易牟取短期暴利为主，甚至操纵股价。

> 想一想：投资者 A 在股市中的基本策略是通过趋势来买卖股票，即在上升趋势中尽量持股，在下降趋势里尽量持币，顺势而为。他的具体操作是选择 200 天平均线作为趋势标准。
>
> 买入策略：当股价有效突破 200 天平均线，则买入（多头趋势）。
>
> 卖出策略：当股价有效跌破 200 天平均线，则卖出（空头趋势）。
>
> 你认为他属于哪种风格的交易者？

工作任务二 短线交易操作策略：抓涨停板

一、涨停板概念

涨停板是 A 股的一项特质，即当天股价的最高限度，涨停板时的股价叫涨停板价。同时对应的有跌停板。目前，科创板和创业板的涨停板幅度为 20%，其余市场均为 10%。

二、涨停个股的技术形态（K 线图）

从个股技术面上来说，短线交易选股需要重点关注以下几个类型。

（一）突破整理平台，创新高个股

股价的运行轨迹有上升、下降和横盘整理，当股价经过了一段时间的横盘整理后，股价会突破上方阻力线，创出近阶段新高，此时往往预示着股价开始进入新的一轮上涨趋势，此时往往伴随着成交的明显放大，股价极有可能冲击涨停。如图 5-1 箭头标注所示，信邦制药于当天突破前期横盘整理平台，创下股价新高并涨停。

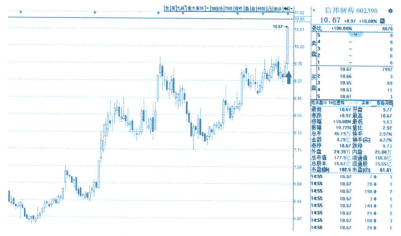

图 5-1　信邦制药平台突破涨停

（二）股价刚好突破有效阻力位

当股价在一段时间内多次到达某阻力位无法上行时，该阻力位为有效阻力位，时间越久，次数越多的阻力位越有效，比如长达半年甚至几年的阻力位。当股价突破该阻力位向上运行时，虽然上方仍有压力，涨停的概率依旧较高。比起第一种情形，该情形涨停的可能性视股价前期的下跌幅度而定，幅度越大，涨停可能性越高。如图 5-2 中国国贸涨停所示。

图 5-2　中国国贸突破有效阻力位涨停

148

（三）股价运行到箱体底部

当股价经历下跌后，有时会出现较长时间的底部箱体横盘形态，个股在充分横盘后，股价直接从箱体底部涨停，因此，可以在箱体底部埋伏或者涨停当天买入。此种策略往往风险报酬比较高。如图 5-3 金达威涨停所示。

图 5-3　金达威箱体底部涨停

（四）下降趋势中，超跌反弹

当个股处于长期下跌的趋势的末期，下跌幅度达到 30% 甚至更多，可能出现超跌反弹，此时，可以注意个股的成交量是否创新低，下跌幅度是否够大，同时满足则涨停概率较高。因为此类涨停往往比较突然，可以在适当位置买入等待。需要注意的是超跌反弹因为上方的压力较大，预期收益一般不高。如图 5-4 未名医药所示。

图 5-4　未名医药超跌反弹涨停

三、涨停个股的分时图

基于以上几点，我们可以选出需要关注的股价，再根据分时走势追击涨停板。

涨停板出现有两种情况：一种是开盘即封涨停，这样的股显然是强势的，但对我们而言没有操作价值；另一种是拉高型涨停，即在开盘后拉高最后封住涨停，这是我们重点操作的对象。

对于拉高型涨停股票的操作，可形成如下总结：

（1）对于突破整理平台，创新高个股，以信邦制药（日K线图见图5-1）为例，投资者应该等待其整理过后突破前期高点再确定介入，见图5-5的标注点。

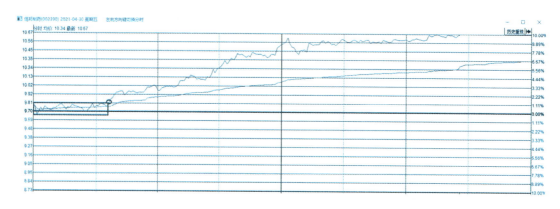

图5-5　信邦制药涨停分时图

（2）若股票K线图形属于刚好突破有效阻力位，那么需要记下有效阻力位的价格，如图5-6中中国国贸的有效阻力位为12.80，那么可以结合分时图突破12.80价位时跟进，突破时成交量放大，且速度越快越好。

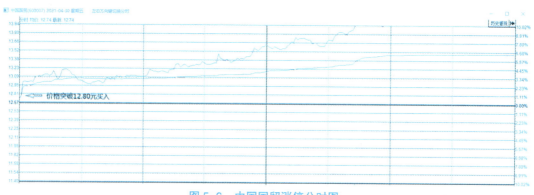

图5-6　中国国贸涨停分时图

（3）对于股价运行到箱体底部的股票，因为箱体底部有良好的支撑作用，因此可以将止损位设置为箱体底部，一般为3%以内止损，若股价上涨则可获利，若亏损则及时在跌穿箱体底部时止损。但若想及时抓住此类的涨停板，则需要股价有些异动，比如高开

2%（见图5-7）。因此，关注高开2%以上的股票，要快速浏览其K线图、均线图、成交量、买卖挂盘、流通盘、市盈率、首笔成交数据、板块性质、信息雷达等的状况，同时快速分析出股价当前所处的高、低位置，以及主力的意图和介入的报酬/风险比，判断哪一只股票最有可能迅速涨停并值得参与。

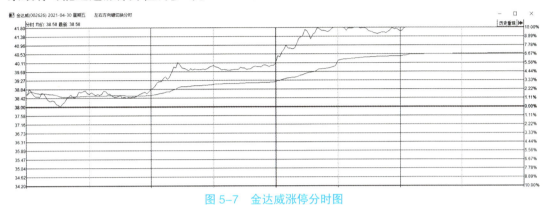

图 5-7　金达威涨停分时图

（4）对于超跌反弹个股，分时图极有可能是高开，或者开盘快速上冲至涨停，投资者可以提前在底部价位买入等待涨停，或者当天开盘抢先买入，这是较好的策略。若股价上涨幅度已经较大，不适合追高买入。这是因为超跌反弹个股涨停中套牢的投资者已经亏损较大，即使股价上涨也无法使其回本，因此上涨时抛压较小，容易产生涨停板，但后期上涨还是会遇到不少压力，除非有利好因素。因此，此类反弹板往往期望值不能过高。往往越早封住涨停板的股票越有冲劲，继续涨停的可能性较大。如图5-8所示。

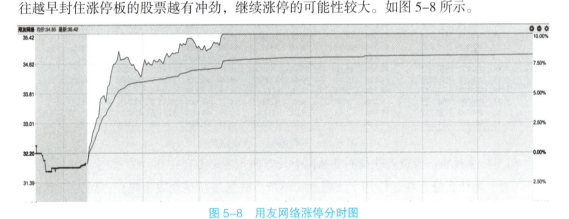

图 5-8　用友网络涨停分时图

四、热点板块追击涨停板

涨停板的存在往往是股价强势的表现，除了K线图和分时图形态的重要性，往往还和热点相关，与热点结合可以使涨停板的持续性更多，溢价性更好。在一般交易软件中，都会有实时的概念板块涨幅排行榜，投资者可以通过查看排行榜了解当天各个板块的涨幅，从中了解涨幅靠前的板块，即为市场追逐的热点，同时可以查看该热点的相关个股，挑选其中涨幅最大，

什么是热点概念

资金流入较多的个股，根据自己的调研判断来挑选热点板块中的龙头股，这种方法可以帮助投资者快速获得较高的收益率。如图 5-9 所示。

板块热点	板块分析	板块资金	板块增仓	新兴概念	热点商品	股债联动	期股联动	潜股板块	美股板块

新兴概念	蓝筹概念股 -1.24%	增强现实 -0.65%	猪瘟疫情 +0.71%	盲盒 -3.60%	以纸代塑概念 -0.50%	广播电视 -1.26%	>	今日关注	种植业与林业 大幅上涨 +0.00%

	板块名称	涨幅↓	涨速	涨停数	主力净量	主力金额	量比	年初至今	20160127至今	涨家数
1	医美概念 +	+4.90%	+0.01%	9	4.89	+32.08亿	1.23	+51.19%	+53.58%	33
2	超级真菌 *	+3.29%	+0.06%	2	0.88	+1.75亿	1.24	+8.13%	+18.71%	19
3	生物制品	+3.16%	-0.00%	2	0.97	+17.86亿	1.34	+5.32%	+74.03%	37
4	青蒿素 *	+2.99%	+0.07%	1	2.94	+15.42亿	1.45	+1.86%	+23.95%	9
5	芬太尼 *	+2.88%	-0.06%	0	2.15	+1.32亿	1.53	+3.07%	+87.84%	5
6	生物疫苗 *	+2.50%	+0.00%	4	0.54	+19.51亿	1.47	+7.67%	+122.07%	37
7	仿制药一致... *	+2.49%	+0.06%	4	2.65	+25.08亿	1.25	+3.87%	+27.06%	49
8	眼科医疗	+2.44%	+0.02%	3	4.65	+7.95亿	1.34	+14.52%	+48.44%	23
9	流感	+2.28%	-0.01%	4	1.21	+20.88亿	1.20	+11.42%	+32.02%	44
10	生物医药	+2.22%	-0.00%	8	1.38	+34.51亿	1.23	+4.23%	+25.87%	110
⊡ 11	化学制药	+2.17%	+0.05%	10	1.63	+22.47亿	1.17	+7.74%	+39.48%	89
12	大豆 *	+2.11%	+0.00%	0	5.55	+2.52亿	1.59	-18.23%	+107.93%	3
13	NMN概念 *	+2.03%	-0.02%	1	-0.49	+1.28亿	1.03	-2.97%	-16.50%	12
14	新冠检测 *	+1.99%	-0.02%	5	0.11	+8.83亿	1.02	+11.09%	+11.09%	41
15	细胞免疫治疗 *	+1.90%	-0.07%	1	1.26	+18.49亿	1.25	+5.62%	+5.81%	17
⊡ 16	医疗器械服务	+1.82%	-0.02%	7	-0.22	-7431万	0.92	+14.91%	+64.34%	84
17	基因测序	+1.82%	-0.02%	2	1.57	+4.21亿	1.24	+13.79%	+28.87%	32

同花顺指数	行业指数	概念指数	风格指数	地域指数							

	代码	名称		涨幅↓	现价	主力净量	主力金额	涨跌	涨速	总手	换手	总市值
1	000908	景峰医药		+10.08%	6.88	7.54	+3.64亿	+0.63	+0.00%	217.5万	30.07%	60.53亿
2	000813	德展健康		+10.07%	4.92	0.67	+7394万	+0.45	+0.00%	138.0万	6.22%	110.3亿
3	600223	鲁商发展		+10.03%	16.12	2.27	+3.64亿	+1.47	+0.00%	139.3万	13.80%	162.7亿
4	600200	江苏吴中		+10.03%	7.79	2.10	+1.15亿	+0.71	+0.00%	125.8万	17.66%	55.50亿
5	002900	哈三联		+10.03%	19.97	0.16	+1038万	+1.82	+0.00%	18.96万	5.99%	63.23亿
6	000615	奥园美谷		+10.02%	20.98	0.83	+1.33亿	+1.91	+0.00%	32.90万	4.26%	163.9亿
7	000963	华东医药		+10.01%	52.64	0.94	+8.55亿	+4.79	+0.00%	118.7万	6.78%	921.1亿
8	600196	复星医药		+10.01%	60.24	1.14	+13.69亿	+5.48	+0.00%	107.8万	5.36%	1544亿
9	002524	光正眼科		+9.99%	13.65	1.66	+1.11亿	+1.24	+0.00%	23.09万	4.69%	70.48亿
10	000718	苏宁环球		+9.97%	6.84	0.33	+5574万	+0.62	+0.00%	252.8万	11.04%	207.6亿
11	300238	冠昊生物		+9.51%	22.35	1.01	+5748万	+1.94	+0.00%	25.62万	9.95%	59.26亿
12	300957	贝泰妮		+8.38%	242.89	0.14	+1712万	+18.79	+0.04%	63940	11.90%	1029亿
13	600420	国药现代		+7.49%	11.05	0.52	+5972万	+0.77	+0.00%	45.13万	4.39%	113.5亿
14	002038	双鹭药业		+6.92%	11.90	-0.02	-90204	+0.77	+0.00%	64.86万	7.62%	122.3亿
15	002172	澳洋健康		+6.69%	5.58	0.32	+1412万	+0.35	+0.18%	135.9万	17.58%	43.33亿
16	002173	创新医疗		+6.39%	7.66	0.20	+580.6万	+0.46	+0.13%	20.29万	5.47%	34.75亿
17	000790	华神科技		+6.35%	6.20	0.79	+2974万	+0.37	+0.16%	70.05万	11.37%	38.21亿
18	300239	东宝生物		+5.53%	7.44	0.02	+117.6万	+0.39	+0.27%	63.79万	12.63%	38.82亿
19	688366	昊海生科		+5.19%	184.99	-0.52	-3123万	+6.71	+0.03%	23264	5.29%	240.2亿

图 5-9 同花顺概念板块排名

对于热点板块，投资者往往需要从以下几方面入手思考：

（1）是什么概念在起作用？该概念新不新？概念越新越能成为热点，因为新概念无法及时估值，容易炒作。

（2）是否是旧概念再次活跃？曾经涨幅较大的板块若再次活跃，也往往只是短期的反弹行情。

（3）概念有无实质性意义？所谓实质性意义是指概念能否为公司带来真实的业绩增长，包括重大重组、新技术出现、新市场被发现等概念。

（4）是主流题材还是非主流题材？是中期题材还是短期题材？不同题材有不同的影响。

工作任务三 做 T 策略

一、"T+1"交易制度

"T+0"交易曾在我国实行过,但因为它的投机性太大,所以自 1995 年 1 月 1 日起,为了保证股票市场的稳定,防止过度投机,股市改为实行 "T+1"交易制度。"T+1"是一种交易制度,这里的 T 是英文 Trade 的首字母,是"交易"的意思;T 日即交易日,是指证券成交当天的日期。"T+1"则是指当日买进成交的证券,当日不能卖出进行清算交割,而是需要等到成交后的第二日才可进行清算的交易制度,也就是当日买入证券,需要等到第二日才可以卖出。

二、什么是做 T

在股市里,我们经常听到有人说做 T,这里的做 T 指的是做差价的意思,通过低买高卖,把成本价降下来。正常情况下,在做 T 的过程中,要保持股票的总量不变,即买卖的数量要保持一致,目的就是为了把成本价降低。做 T 的周期可以灵活变化,有一天内完成的,叫作股票日内回转交易,也有较长周期完成一次 T 的策略。做 T 的好处有以下几点:

(1)逐步降低自己的持仓成本,从而达到利润最大化。

(2)逐步降低自己的持仓成本,从而达到解套的目的。

(3)控制好自己的仓位,避免满仓高位被套。

三、做 T 操作

股票的"T+0"说简单一点就是高抛低吸,根据操作方向,可以将其分为顺向的"T+0"操作和逆向的"T+0"操作两种。

(一)顺向的"T+0"

顺向"T+0"操作就是先在低位买进,等股价上涨后,于高位卖出同样数量的股票。

情形一:当投资者持有一定数量被套股票后,某天该股严重超跌或低开,可以乘这个机会,买入同等数量同一股票,待其涨升到一定高度之后,将原来被套的同一品种的股票全部卖出,从而在一个交易日内实现低买高卖,来获取差价利润。

例如,张先生于 3 月 1 日买入 1000 股 A 股票,成本价 13 元,但是因为大盘下行,买入后,该股一路下行,跌至 11 元。但是张先生通过分析,认为该股具备长期投资价值,并不打算卖出,为了降低亏损,张先生在 11 元再次买入 1000 股,随后股价上涨至 12 元

时，张先生再卖出1000股，仓位保持与初始一致。张先生通过该操作，降低了持仓成本，有利于更快解套。

情形二： 当投资者持有一定数量被套股票后，即使没有严重超跌或低开，可以当该股在盘中表现出明显上升趋势时，可以乘这个机会，买入同等数量同一股票，待其涨升到一定高度之后，将原来被套的同一品种的股票全部卖出，从而在一个交易日内实现平买高卖，来获取差价利润。

例如：张先生在对B股票的投资中出现失误，他于10月30日，以20.50元/股买入1000股B股票后遭遇停牌，于12月19日B股票复牌后突然连续以跌停板开盘，并且股价被长时间压制在较低位置。在被深度套牢后，张先生在12月30日，股价低开至13.40元时买进1000股B股票，当股价当天上升到14.63元时，卖出1000股，这样在持仓没有任何变化的情况下，既拉低了股票成本，又获取了近5%的短线收益。

情形三： 当投资者持有的股票没有被套牢，而是已经盈利的获利盘时，如果投资者认为该股仍有空间，可以使用"T+0"操作。这样可以在大幅涨升的当天通过购买双倍筹码来获取双倍的收益，争取利润的最大化。

例如：张先生以10元/股成本买入1000股C股票后，股价上升，涨至11元/股，暂时盈利10个点，张先生认为该股当天仍有继续上冲的趋势，于是加仓1000股，股价继续上涨至12.5元/股时，张先生卖出了原有的1000股。

（二）逆向的"T+0"

逆向"T+0"操作是先高卖后低买，顺向"T+0"操作需要投资者手中必须持有部分现金，如果投资者满仓被套，则无法实施交易；而逆向"T+0"操作则不需要投资者持有现金，即使投资者满仓被套也可以实施交易。具体操作方法如下所示。

情形一： 当投资者持有一定数量被套股票后，某天该股受突发利好消息的刺激，股价大幅高开或急速上冲，投资者可以乘这个机会，先将手中被套的股票卖出，待股价结束快速上涨并出现回落之后，将原来抛出的同一品种股票全部买进，从而在一个交易日内实现高卖低买，来获取差价利润。

例如：张先生在对C股票进行投资后出现失误，他以10.5元买入1000股后股票一路下行，被套15个点，某天该股票受利好消息刺激，高开两个点，一路冲到涨停，随后涨停板打开，投资者迅速卖掉原先的1000股，在股价回调到当天7个点的尾盘时，重新买入1000股。这样实现了原仓位不变，当天3个点的盈利减少了浮亏。

情形二： 当投资者持有一定数量被套股票后，如果该股没有出现因为利好消息而高开的走势，那么当该股在盘中表现出明显下跌趋势时，投资者可以乘这个机会，先将手中被套的股票卖出，然后在较低的价位买入同等数量的同一股票，从而在一个交易日内实现平卖低买，来获取差价利润。这种方法只适合于盘中短期仍有下跌趋势的个股。对于下跌空间较大，长期下跌趋势明显的个股，仍然要以止损操作为主。

例如：张先生在对 D 股票进行投资后出现失误，他以 20 元买入 1000 股后股票一路下行，被套 8 个点，第二天股价依旧低开 2 个点，此时，张先生卖出该股票，等其当天跌至 –5% 时重新买入，此操作比一直持有该股减少了 3 个点的损失。

情形三：当投资者持有的股票没有被套牢，而是已经盈利的获利盘时，如果股价在行情中上冲过快，那么也会出现正常的回落走势。投资者可以乘其上冲过急时，先卖出获利股票，等待股价出现恢复性下跌时再买回。通过盘中的"T+0"操作，投资者可以争取利润的最大化。

例如：张先生在买入 E 股票后出现连续两个涨停板，随后涨停板打开，张先生快速卖出所持有的全部 E 股票，随后股价回调了 5 个点左右，张先生认为这只是短暂的回调，再次买入，之后该股票继续上涨至涨停板。此操作也使张先生多了 5 个点的利润。

模块二 资金管理策略

股市投资理论中，基本面分析解决了选股问题，技术面分析则针对买卖点问题，但是，对于投资者而言，如何在保护本金安全前提下，让资金更加高效盈利，则需要熟练的资金管理技巧。资金管理需要解决如何配置资金在不同的资产上，如何在不同的市场情形下进行仓位控制，以及如何合理止损，同时掌握一些解套的技巧。

工作任务一 组建投资组合

案例导读

王太太平时非常喜欢炒股，投入资金量也比较大，但是她很喜欢高风险股票，尤其是次新股，而且经常满仓进满仓出，眼看亏损越来越多，王先生建议她分散投资于 2 ～ 3 只股票，这样可以避免集中一只股票而暴跌。就在次新股遭遇集体退潮时，王太太的全部资金损失 20% 以上而难以割肉，后来，王先生发现，王太太所谓的分散投

资，也只是分散买了 3 只次新股，买来买去都是次新股，难怪会出现一起跌的情形，王先生感到无奈。

请分析案例中王太太的做法有哪些不当之处。

对于大资金而言，集中投向于某一只股票所面临的风险比较大，所以必须投资的动作是建立投资组合。所谓投资组合，就是交易者依据某些市场理论和经验，将资金分别投到多只不同属性的股票或不同交易市场中，以避免单一品种，单一市出现反向运动时的重大亏损，而这些被交易者锁定并介入的多个品种和市场即为投资组合。

投资组合的目的不只是为了盈利，更重要的是为了防止大资金的系统性风险。因为相关性越强的股票，趋势同步反向时的风险就越大；而越是重仓的单一股票，趋势反向后的风险也越大。组合式投资的原则就是要求交易者最大限度地降低单一品种的投资风险，不要 "将鸡蛋放在一个篮子里"，同时也不要对投资对象采取平均主义的方法，而应有侧重，有技术地进行分散投资。投资组合，往往涉及三个层面的内容，通常可以采用如下策略：

进行多种证券资产组合，比如同时投资股票、债券、权证等；

进行关联度较低行业的多个股票投资，比如投资与制造业和公共事业相关的股票；

进行多周期的投资组合，比如组合中既有长线股票，也有中线、短线股票。

工作任务二　仓位布局与控制

案例导读

王太太通过学习，学会了组合投资，但是，她感到困惑：究竟应该怎么把钱分配到各个股票上去，也就是每只股应该占用多少比例的资金？

请问你能给她怎样的建议？

一、仓位的概念

仓位是指交易者在某只股票上的资金投入份额。仓位既能体现额度，

仓位管理法

也能体现比例。例如我持有某只股票的仓位是 20 万元，也可以说，我持有某只股票的仓位是 2 成仓，表达的就是总资金的 20％投资于该股票。仓位操作上分为建仓、加仓、减仓、平仓等环节。

二、如何建仓 / 加仓 / 减仓

对于职业交易者而言，特别是对于拥有大量资金的交易者而言，其持股策略不能是一成不变的。如果一直满仓操作，容易造成因判断失误所带来的巨大亏损；一直轻仓操作，又容易失去获取大利润的宝贵机会。交易者不能控制市场，只能控制自己的交易，因而仓位管理就显得极为重要。对仓位的管理其实就是对资金的管理，而对资金的管理，则常常包括建仓、加仓、减仓、止损、止盈等内容。

（一）如何建仓

配仓位，即先明确资金投入额度，再考虑最大亏损承受额度。例如，交易者将 9 万元的资金三等分（也可以按 3：4：3 来分成三份），计划买入三只股票；在购买第一只股票建仓是一个比较专业的问题，通常有两种方式。一种是根据自己的一贯原则来调节，无论如何看好该股行情，都只会投入 3 万元；开始购买股票时，按照小单试场顺势加仓、势明满仓的原则，将 3 万元资金全部投入；在资金分批投入的时候，再根据技术止损的方法，设立止损点位并随股价的上涨而抬高止损点位；止损点可以是现今股价的 –5％，也可以是 –10％等，根据个股股性和技术形态以及交易者的最大单笔风险承受能力来确定。假使交易者非常看好某股和某时，而当时该股的股价是 100 元，交易者也可以用手中的 3 万元资金一次性买入 300 股，同时设置止损位为购买价的 –10％处，当股价下滑到 90 元的时候，交易者将以亏损 3000 元的结局离场。

另一种建仓方式比较死板，是一种先确立止损额度、后考虑资金投入的方法。例如，假使交易者有总资金 10 万元，单次交易能承受的最大亏损额为 3％（即 3000 元），如果当时某股股价为 100 元，而交易者考虑的止损点位是 90 元，即每股能承受的最大风险为 10 元，那么其能购买的股数为 3000 元 =10 元 ×300 股，能投入的资金为 100 元 ×300 股 = 3 万元；交易者可以一次性将这 3 万元都投入到该股中，也可以分批买入；但是当股价下滑到 90 元的时候，交易者会以亏损 3000 元的结局离场。这种方法对不知道如何分散资金的交易者有用，由于既定的 3％风险额度的存在，使其被迫将剩余的 7 万元资金分离出来，避免了以全部资金持有某股的风险。

一般而言，前一种方法适合于有资金管理经验的人，而后一种方法适合于按计划执行交易（如基金公司的交易员）或没有资金管理经验的人，两者最终要达到的结果都是一样的。但是，如果前一个交易者将全部 9 万元资金投入后，再采用股价下滑 10％即止损的方法，那么其承受的风险将达到 1 万元，远远超过上述两种方法所设定的风险，这显然是不懂资金管理经验的交易者的常态。

前面只是明确了单只股票的建仓资金额度问题，还没有明确首次建仓的资金额度问题。由于交易时机的确定是建立在分析预测之上的，因此，每一个交易时机仅仅是可能的正确点而不是一定的正确点。这就要求交易者在资金的运用上不可孤注一掷，不可全力出击某一个交易点，而应根据个股的技术特点和既有的资金管理要求，选择多个交易时机，以避免看错情况发生。一般而言，交易者首次建仓的资金不应超过单笔可用资金的 30%，剩余 70% 的资金应视个股趋势发展情况而追加；至于追加的后续点位和资金数量，则因技术分析的准确性和对个股趋势把握的程度来具体对待。但总体来说，交易者应该在趋势刚刚启动或即将终止的时候，只持有少量的筹码，而在趋势上行的运动空间里持有大量的筹码。

（二）如何加仓或减仓

对于资金的加仓或减仓，往往有三种方式：

1. 递减加码法

当交易者认为未来股价还能上涨但涨幅空间有限时，即可以采用递减加码的方式进行建仓，这种方式又称为金字塔加码法。比如首次建仓的资金为 10 万元，第二次追加的资金为 5 万元，第三次追加的资金为 2 万元，等等。当然，出现这种状况时，更多的时候是因为交易者首次入场的资金已经占据了该股应投资金的一半以上，由于后期能投入的资金有限而行情又被谨慎看好，所以就会以递减加码的方式继续建仓。

2. 递增加码法

当交易者认为未来股价还有很大增长空间时，即可以采用递增加码的方式进行建仓，这种方式又称为倒金字塔加码法。比如首次建仓的资金为 10 万元，第二次追加的资金为 20 万元，第三次追加的资金为 30 万元，等等。之所以这样操作，一方面是因为股价的未来涨幅空间很大，另一方面则是交易者轻单少量谨慎测试行情的结果。当交易者在赢利概率为 70% 的时候投入 20% 的资金时，如果行情能继续展开，快速且大量追加投入也就成为必然。递增加码法也属于长线交易中的越跌越加码方式，但要求此时的交易者对个股非常熟悉且对个股后期走势胸有成竹。该方法相对于递减加码法更为激进，交易者可能最终获得的利润空间很大，但可能遭受的损失也很大。

3. 平均加码法

平均加码法是一种简单的加码方式，它只用将备用资金分为 2～4 等份，在行情看好的时候继续追加即可，每次追加的资金为 1 等份。此方法介于前面两种方法之间，较为中庸。交易者对个股后续获利空间的判断和对行情准确把握的程度，都介于前两者之间。

以上方法同样适用于减仓。当行情不易判断的时候，交易者可以采用递增减码法，即先少量减仓，而后见势不好时再加大减仓量；当行情有犹豫退缩的现象时，交易者则可采用递减减码法，即先大量减仓，保住大部分利润，只留小部分股票在市场中继续承受风险。

当然，面对上述行情时，也可以采用平均法进行减仓。

以上三种方法，是根据交易者对风险程度和机会程度的把握来实施的。但是需要注意，它们都只适合在市场上升趋势或下降趋势明朗时使用；而当行情在震荡区间进行整理时，就不大适合运用上述方法了。此时，交易者最好是轻单入场、轻单出场，一次性或一天内即完成买或卖的交易。

模块三 风险管理策略

工作任务一 认识报酬 / 风险比与胜率

一、报酬 / 风险比概念

报酬 / 风险比是预期回报与未来风险的比值。假设在某段时间内某股即将上涨的空间是 2 元，而可能下跌的空间是 0.5 元，那么报酬 / 风险比就是 4∶1。报酬 / 风险比是一个普通交易者从来不去考虑的问题，但却是职业交易者每次进场之前都必须深思的问题。因为资金是有限的，而机会是无穷的，只有专注于大机会，集中资金打歼灭战，才有获取大利润的可能性。获胜率则是买入股票后在某一段时间内最终赢利的可能性，即将来是获利卖出而不是亏损卖出的概率是多少。报酬 / 风险比和获胜率之间具有紧密的联系。假设交易者有 10 万元的本金，始终选择报酬 / 风险比为 3∶1 的行情满仓做 10 次，同时设止损位为买入价的 -3%（盈利目标为买入价的 9%），那么其胜率与盈亏的关系如表 5-1 所示。

表 5-1 胜率与盈亏的关系

胜率	盈亏
0 胜时	亏 3 万元
1 胜 9 负时	亏 1.8 万元
2 胜 8 负时	亏 0.5 万元
3 胜 7 负时	赚 0.6 万元

续表

胜率	盈亏
4 胜 6 负时	赚 1.8 万元
5 胜 5 负时	赚 3 万元
6 胜 4 负时	赚 4.2 万元
7 胜 3 负时	赚 5.4 万元
8 胜 2 负时	赚 6.6 万元
9 胜 1 负时	赚 7.8 万元
10 胜时	赚 9 万元

可见，只要交易者能在十次交易中赢得三次，即可小有盈利（这里均没有考虑复利和交易成本的问题）；而如果交易者能在行情的报酬 / 风险比为 4：1 时入场，那么只要在十次交易中赢得两次，即可勉强保住本金。十局实现三胜或两胜，这种胜率对于一名职业选手而言，显然很容易达到，但关键是其入场时的报酬 / 风险比要能达到 3：1 或 4：1，否则，就要增加对获胜率的追求了。

报酬 / 风险比是交易者入场时首先要关注的问题，但这是一个上涨空间和下跌空间的测量问题，是一个静态的问题，只需通过丈量股价未来阻力区间和支撑区间即可得到答案。高报酬 / 风险比的机会看起来很多，但个股行情会不会如期启动则往往限制了交易者的介入时机。一般来说，个股会不会启动、启动的能量有多大、市场是否配合等问题，是属于获胜率的问题。也就是说，交易者若想在交易中获利，一是要考虑个股的报酬 / 风险比问题，二是要考虑该股的获胜率问题，只有高启动概率、高报酬 / 风险比的个股才值得介入。但遗憾的是，交易者很难找到两者都很高的入场机会，在熊市里就更是如此。

二、报酬 / 风险比与胜率的关系

交易者无法等到完美的交易时机，却不等于不能交易。在把握报酬 / 风险比和获胜率两者关系的基础上，交易者仍有较大的出击机会。一般来说，在能确定报酬 / 风险比的情况下，交易保本时所需的获胜率 =1÷（报酬 / 风险比的分子及分母之和）×100%。例如某交易者打算买入一只股票，经过周密分析后，预计其买入价为 10 元，止损价为 9.7 元（亏损 0.3 元），止赢价为 11.2 元（盈利 1.2 元），那么其预测的报酬 / 风险比为 1.2：0.3=4：1，所需获胜率 =1÷（4+1）×100% =20%。即在不计算交易成本的情况下，交易者只需要 20% 的胜率就可以保住本金。以此类推，保本时的报酬 / 风险比与所需获胜率的关系见表 5-2。

表 5-2 保本时的报酬 / 风险比与所需获胜率的关系

报酬 / 风险比	所需获胜率
1 ∶ 1	50％
1.5 ∶ 1	40％
3 ∶ 1	25％
4 ∶ 1	20％
7 ∶ 1	12.5％

可见，若想交易取得成功，在股票的报酬 / 风险比越小时，对获胜率的要求就越高；而当股票的报酬 / 风险比越大时，则对获胜率的要求就可以低一些。但是，仅仅从胜率的角度来说，交易者必须长期进入获胜率超过 50％ 的交易中，才能在市场中生存下来，因为你每次预测的报酬 / 风险比往往只是一幅静态的画面，它的真实性具有很大的不确定因素。如果你不能经常抓住 50％ 以上的获胜率的股票，那么任何资金管理方法或仓位管理策略都将爱莫能助，这跟前面讲到过的专业赌徒的赢利策略是同样的道理。

总体来说，交易者长期获利的关键是能正确评估出个股的报酬 / 风险比和获胜率。这里的报酬，不是指交易者能预测到的个股最高目标收益，而是在正常情况下个股可能达到的合理价位目标；这里的风险，是指交易者能够承受的最大亏损额度，一旦亏损达到这个额度，交易者就必须出局；这里的获胜率，是一个极富个性的经验判断问题，它需要交易者对个股发展趋势的正确认知和准确判断。

综上所述，交易者为了获取长远的盈利，必须进行"三位一体"的考虑：

其一，寻找高胜率的机会。这需要交易者有良好的分析功底和丰富的市场经验，但最重要的是耐心等待，等待比分析更重要，好的交易机会从来不是分析出来的，而是等出来的。很多交易者之所以屡屡亏损，其实自己也知道原因，那就是每次没有等到较有把握的机会即匆忙入场。严格来说，高胜率的机会都不会很确定，往往是交易者一厢情愿的看法；而即使是有 90％ 的获胜率，如果行情偏偏走到了剩下 10％ 的概率里，亏损也一样会发生，而且此时的亏损往往会更大，因为交易者会根据高胜率来加大投入资金的比例。所以，寻找高胜率的机会虽然很重要，但交易者也不要过于指望高胜率，并据此盲目加大资金的投入。

其二，寻找大回报的机会。对于短线交易来说，报酬 / 风险比须达到 2 ∶ 1 时才值得交易者进场；但对于长线交易来说，报酬 / 风险比须达到 4 ∶ 1 时才值得交易者进场。这样的机会一般不难寻找，但问题是既然找到了大回报的机会，也预料到了后期的赢利空间，交易者就要能忍住小亏损和小盈利，耐心地等到大盈利的到来。要知道，用多次小亏损换一次充足的盈利,不仅是交易者必须具备的经验,也是世界级交易大师的成功之道。尽管交易大师都非常看重高胜率这个条件,但他们的交易成功率却往往不会高于50%,这是他们极其看重止损同时敢于在看准的时机上进行加仓的结果。所以,对于短线交易者而言,需要提高自己的交易成功率;而对于中、长线交易者而言,则需要适应"用丢掉高成功率的代价来换取大回报"的盈利模式。

其三,合理加大资金投入。重仓出击最有信心的品种和重仓出击最有信心的点位,是交易者使利润最大化的必然措施。不加大资金投入力度,不集中持有优势股票,交易者就难以真正实现以多次小亏损换一次充足盈利的战术。但交易者也不要过于确信自己的判断,因为即使是90%的获胜率,也不能保证你一定就会赢利;而这样的高概率,恰恰是诱使你加重投入的陷阱,是使你最终翻船的"阴沟"。合理的方法是将个股的资金投入比例控制在10%~50%之间,即使在该股上出现了重大的投资亏损,你也有机会重新入市博弈。

工作任务二　如何科学止损

一、为什么要止损

关于止损的重要性,市场上最好的比喻是"鳄鱼法则"。该法则的寓 交易计划的制定意是:假定一只鳄鱼咬住你的脚,如果你用手去试图解脱你的脚,鳄鱼便会同时咬住你的脚与手。你越挣扎,被咬住的地方就越多。所以万一鳄鱼咬住你的脚,你唯一的办法就是牺牲一只脚。按此逻辑,股市里的止损法则就是:一旦股价趋势开始反向,你必须立刻按照原定的止损计划卖出股票,不得抱任何侥幸心理,更不能延误时间,否则,你可能马上就会被市场一段一段地吞没。当然,作为散户,你也可以捂住亏损股几年不卖,但那不是职业交易者的做法。

但是,对于经常止损的交易者而言,多数人似乎对于小亏损不甚在意,认为亏损百分之几很正常,也可以承受。于是在不经意的情况下,其资金规模越来越小,直至翻本越来越难。下面,以10万元的交易本金为例,看看亏损后翻本的代价有多大(见表5-3)。

表5-3　亏损与翻本的对比

亏损百分比	剩余本金(万元)	需要追回的本金(万元)	需要获利的比例
10%	9	1	11%
20%	8	2	25%

续表

亏损百分比	剩余本金（万元）	需要追回的本金（万元）	需要获利的比例
30％	7	3	42.9％
40％	6	4	66.7％
50％	5	5	100％

通过上面的分析可以看到，翻本所需获利的比例会随着亏损的增加而变得越来越大，当交易者的资金亏损比例达到30％的时候（还没有包括交易的成本），要扳回败局就已经是困难重重了。比如，2008年上半年，国内12只阳光私募基金的亏损比例高达40％，面对2008年的全年熊市行情，这些基金经理人已经很难使资金恢复到原有水平了，而主要靠投资收益提成的获利方式，则几乎使他们一年之内颗粒无收。所以，做自己能理解的行情，同时合理运用止损的方法，使每次交易的风险限定在小额内，是长期交易者必须具备的交易习惯。

二、主动止损法

一般来说，主动止损法通常分为以下几种：

（一）固定止损法（资金）

对于投入资金而言，有两种止损的方法：

1. 固定金额止损法

固定金额止损法是指设定某明确的止损金额，当资金亏损达到该金额时执行止损。比如，在某股上的投入资金为10000元，可以选择当亏损达到1000元的时候止损离场。

2. 固定比例止损法

固定比例止损法是指设定某明确的止损比例，当资金亏损幅度达到该比例时执行止损。比如，在某股上的投入资金为10000元，可以选择当资金缩水到90％的时候止损离场。一般来说，这个百分率都设定为5％或更少，换言之，每笔交易的投入金额不得超过总风险资本的5％。虽然5％是普遍公认的水平，但专业交易者则把它降低到2％。每笔交易只用5％的风险资本，除非连续发生20次错误，否则就不至于被迫退出交易。只要态度保守，即使碰到连续亏损，其后仍然还有进场一搏的机会。金融交易市场上，连续5笔亏损交易是很常见的。

（二）固定止损法（股价）

对于个股价格而言，也有两种止损的方法：

1. 固定价格止损法

固定价格止损法是指设定某一明确的止损价格，当股价跌破该价位时执行止损。比如，

买入某股时的价格为 10 元，可以选择当股价跌破 9 元时止损离场。

2. 固定比例止损法

固定比例止损法是指设定某一明确的止损比例，当股价跌幅达到该比例时执行止损。比如，买入某股时的价格为 10 元，可以选择当股价下滑 10% 的时候止损离场。

上述几种方法中，用得最多的是在个股价格上的固定比例止损法，但该方法必须根据交易者的交易风格和个股股性来使用。例如，做短线交易的，其止损比例可以定为 3%～5%，因为这种交易只追逐强势趋势，允许行情折返的余地很小；做中线交易的，其止损比例可以定为 10%～15%，允许行情有较大的折返余地，以避免在个股调整时自动出局；做长线交易的，其止损比例可以定为 20%～50%，允许行情折返的空间更大，其锁定的是公司的长期价值而非短期的市场价格波动。

（三）主动止损的注意点

一般来说，交易者在使用这些止损法时，必须注意四点：

（1）对不同的交易市场应该有不同的止损额度，因为各个市场的风险程度不一样。

（2）对不同的交易风格应该有不同的止损额度，因为其所追逐的价值及附加风险不一样。

（3）应该综合考虑股价所处高低位置、个股流通盘大小、个股历史波动性（股性）等因素。

（4）需要做大量的统计分析工作，以寻找适合自己操作风格的最佳止损额度。

（四）固定止损法的优势

（1）止损位置跟个股技术面不挂钩，防范了雷同性技术止损所带来的风险。

（2）跟交易者多年的交易经验挂钩，经验越丰富的交易者，其止损的点位往往越好。

（3）由于该方法会经过市场长期的检验，所以其操作的时间越长，有效性就越明显。

（五）固定止损法的缺点

它没有确定的止损技术依据，如果交易者没有丰富的市场识别经验和交易经验那么可能在该方法上就会吃亏，导致该缩小亏损幅度的没有缩小，该扩大折返余地的没有扩大。

三、技术止损法

技术止损法是国外很多技术型交易者的做法。他们认为，股价将在某些技术形态的关键点位处获得支撑，因为这几乎是所有技术分析者的共识，这些技术层面上的支撑线往往难以破除，所以应该在这根支撑线的附近设置止损点位，以防范股票行情出现超乎预期的反转情况。

既然是技术止损法，则止损点必然和交易者通常所用的技术参考对象息息相关。通常而言，根据个股的技术状况，技术止损法可以分为以下四种：

（一）指标止损法

有些交易者喜欢看技术指标，因此可以根据 MACD 或 KDJ 等指标作为止损出场的依据。即当技术指标处于死亡交叉、顶背离、超买等状态时，可以立即抛出股票。但需要注意的是，绝大部分技术指标反映的是股价的短期趋势，难以作为中、长期股价操作的止损依据。

这里面，最重要的是均线止损法，因为很多交易者已经把均线当作股价的一部分来看待，所以它的重要性远远超过其他技术指标，而其年线也往往可以用来作为长线交易的决策依据。具体来说，某些周期的移动平均线可视为股价在某一阶段可能获得的支撑位，因而可据此设置止损点。比如，做短线交易的，可以以 5 日或 10 日均线为参考，一旦股价跌破 5 日或 10 日均线，则立即出场；做中线交易的，可以以 30 日或 60 日均线为参考，一旦股价跌破 30 日或 60 日均线，则立即出场；做长线交易的，可以以 120 日半年线或 250 日年线为参考，当股价跌破它们时立即出场。

（二）形态止损法

这是将各种 K 线形态所形成的支撑位作为参考，把止损点设置于支撑位之下的一种方法。这些特定的 K 线形态包括各种反转形态，如头肩顶、多重顶、双重顶、V 形顶、圆弧顶等，当股价向下突破这些形态的支撑线（颈线）之后，即可按计划止损离场。但是需要注意，如果交易者将止损点设置在支撑线上，当股价略微试探支撑线过头时，或主力引导股价假破支撑线时，就会引发大量交易者止损离场的动作，所以绝大多数交易者在使用该方法进行止损时，都会将止损点设置在支撑线的下面，和其保持适当的距离（例如当股价向下突破支撑线 3% 的时候才开始进行止损的动作，这也符合"有效突破"的确认标准）。至于极短线交易者和短线交易者，则最好以 K 线组合的形态（也包括缺口、单日反转 K 线、近期大阳线、前日收盘价等）来确立止损位，这样的止损反应最为迅速，也最贴近市场的变化。

（三）切线止损法

在进行技术分析时，多数交易者会利用切线来对股票行情进行预测，这包括趋势线、水平支撑线、百分比线、黄金分割线等。由此，部分交易者的止损位是根据它们来设置的，只要股价向下突破它们，那么交易者就会立刻止损离场。通常而言，切线的止损方法适合于做波段的短、中线交易，因为它们有明确的趋势线或水平支撑线可以用作参考。

（四）时间止损法

时间止损法往往是用来作离场的辅助判断的。在技术分析里，有周期分析一说，比如短线交易的时间周期往往在 5 个交易日之内，中线交易的时间周期往往是 20 个交易日左右，而大盘趋势本身也有大周期和小周期之说，甚至有"时间之窗"和"四周规则"之说。因此，当某些时间达到时，部分交易者也会考虑止损离场。

实 战 演 练

1. 请通过查询贵州茅台、格力电器、海螺水泥三只白马股的主要流通股东，搜集三家机构投资者，类型分别为基金、QFII 和国家队。

2. 操作步骤：通过 F10 中的股东研究，查询十大流通股东。

贵州茅台 600519

| 同花顺 F10 全面解读 全新体验 | 最新价：2006.78 | 涨跌幅：-0.97% | 上一个股 | 下一个股 | 输入股票名称或代码 | 换肤 |

| 贵州茅台 | 最新动态 | 公司资料 | 股东研究 | 经营分析 | 股本结构 | 资本运作 | 盈利预测 |
| 600519 | 新闻公告 | 概念题材 | 主力持仓 | 财务概况 | 分红融资 | 公司大事 | 行业对比 |

股东人数　　十大流通股东　　十大股东　　控股层级关系

十大流通股东

2021-03-31 | 2020-12-31 | 2020-09-30 | 2020-06-30 | 2020-03-31

前十大流通股东累计持有：8.96亿股，累计占流通股比：71.31%，较上期减少921.03万股

机构或基金名称	持有数量(股)	持股变化(股)	占流通股比例	变动比例	股份类型	持股详情
中国贵州茅台酒厂(集团)有限责任公司	6.78亿	不变	54.00%	不变	流通A股	点击查看
香港中央结算有限公司	9594.31万	↓841.09万	7.64%	↓-8.06%	流通A股	点击查看
贵州省国有资本运营有限责任公司	5699.68万	↓-182.71万	4.54%	↓-3.11%	流通A股	点击查看
贵州茅台酒厂集团技术开发公司	2781.21万	不变	2.21%	不变	流通A股	点击查看
中央汇金资产管理有限责任公司	1078.73万	不变	0.86%	不变	流通A股	点击查看
中国证券金融股份有限公司	803.94万	↓-100.00	0.64%	不变	流通A股	点击查看
深圳市金汇荣盛财富管理有限公司-金汇荣盛三号私募证券投资基金	502.10万	不变	0.40%	不变	流通A股	点击查看
中国人寿保险股份有限公司-传统-普通保险产品-005L-CT001沪	434.14万	↑44.71万	0.35%	↑11.48%	流通A股	点击查看
中国银行股份有限公司-易方达蓝筹精选混合型证券投资基金	432.00万	新进	0.34%	新进	流通A股	点击查看
珠海市瑞丰汇邦资产管理有限公司-瑞丰汇邦三号私募证券投资基金	416.09万	不变	0.33%	不变	流通A股	点击查看
较上个报告期退出前十大流通股东有						
中国工商银行-上证50交易型开放式指数证券投资基金	373.93万	退出	0.30%			

机构类型	贵州茅台	格力电器	海螺水泥
基金			
QFII			
国家队			

3. 请通过一点仓位网站（http://www.yidiancangwei.com/）查询上述机构的新进持股，每个机构写三只。

机构名称	新进个股 1	新进个股 2	新进个股 3

续表

机构名称	新进个股 1	新进个股 2	新进个股 3

课 后 习 题

一、单项选择题

1. 关于"T+0"策略说法错误的是（　　　　）。

A．"T+0"可以逐步降低自己的持仓成本，从而达到利润最大化

B．"T+0"可以逐步降低自己的持仓成本，从而达到解套的目的

C．"T+0"可以控制好自己的仓位，避免满仓高位被套

D．顺向"T+0"是先高卖后低买的一种策略

2. 若报酬／风险比为 1：1，则胜率需要至少达到（　　　　）才可以盈利。

A．20%　　　　　　B．50%　　　　　　C．75%　　　　　　D．100%

3. 当交易者认为未来股价还能上涨但涨幅空间有限时，可采用（　　　　）加仓方法。

A．平均加码法　　　　　　　　　　B．递增加码法

C．递减加码法　　　　　　　　　　D．以上三种

二、多项选择题

1. 市场中主要的交易风格包括（　　　　）。

A．稳健型交易风格　　　　　　　　B．保守型交易风格

C．激进型交易风格　　　　　　　　D．混合型交易风格

2. 仓位管理的操作中包括（　　　　）。

A．建仓　　　　　　B．加仓　　　　　　C．减仓　　　　　　D．平仓

3. 以下属于机构投资者的是（　　　　）。

A．社保基金　　　　　B．QFII　　　　　C．个人大户　　　　　D．证券公司

4．以下属于主动止损方法的有（　　　　）。

A．固定金额止损法　　　　　　　　B．固定比例止损法

C．固定价格止损法　　　　　　　　D．形态止损法

三、判断题

1．我国目前实行的是"T+1"交易制度，即当天买入的股票当天可以卖出。（　　　）

2．对于长线投资者而言，报酬/风险比只要达到2：1即可入场。（　　　）

3．对于超跌反弹个股的涨停板，期望值不应过大。（　　　）

四、简答题

1．论述止损的重要性。

2．简述资金管理需要考虑的几点要素。

第二篇 证券投资实训篇

实训一　证券行情软件的安装与使用

实训目的

通过同花顺行情软件的使用，查看市场总体行情，熟悉证券的查找。

能力训练任务

1. 进行同花顺软件的安装。
2. 完成个股信息查找与填写。
3. 完成指数信息的查找与填写。

* 建议本次实训由学生单独完成。

1. 请打开同花顺财经（http：//www.10jqka.com.cn/），进入软件下载界面，下载电脑免费版或手机版行情软件并安装注册。

操作步骤提示：

（1）打开同花顺财经下载免费版软件（见图1）。

图1　同花顺财经首页

（2）安装软件后，点首页信息，查看股票市场情况（见图2）。

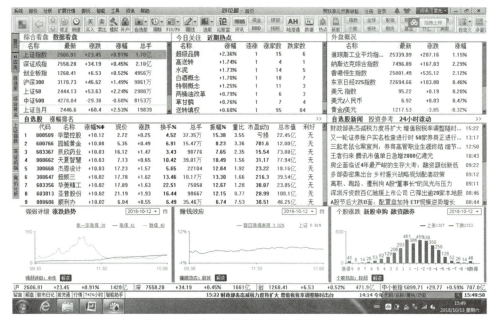

图2　同花顺电脑版行情软件首页

（3）注册用户名后登录软件，可保存自选股、画线等相关操作痕迹（见图3）。

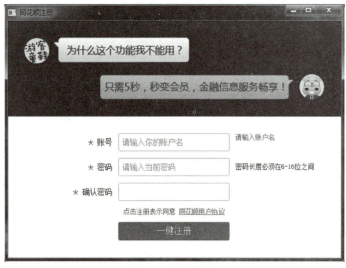

图3　注册界面

2．使用行情软件或通过财经网站查询以下证券代码信息。

证券简称	代码
（1）方正证券	
（2）万科A	
（3）贵州茅台	

续表

证券简称	代码
（4）恒瑞医药	
（5）华谊兄弟	

范例： 万达电影的代码可通过输入简拼、简称的中文字、关键词查询到，可查询财经网站或行情软件。

（1）通过财经网站查询。如图4，在新浪财经网站点击股票，在左下角的方框内输入"WDDY""万达电影"即可查到代码。

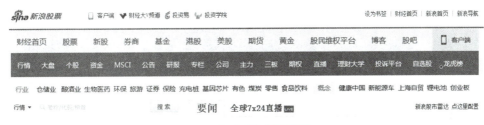

图4 新浪财经股票界面

（2）通过行情软件查询。如图5，在同花顺软件右下角方框处输入"WDDY""万达电影"即可查到代码，也可搜索相关关键词查到股票，例如输入董事长的姓名或控股股东的姓名，因此输入"王健林"也能查到万达电影的股票代码。

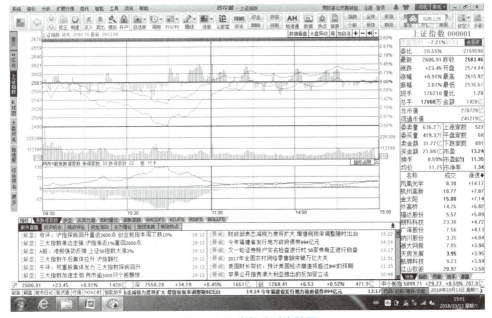

图5 上证指数分时走势图

范例：如图6，在行情软件中搜索到万达电影，再点击F10，通过点击最新动态、公司资料、分红融资，可以查询到上述信息。

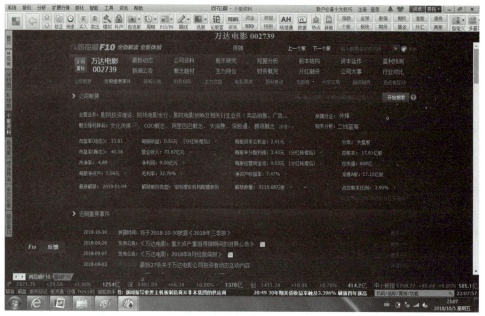

图6 F10详情界面

3．请点击F10查询下列股票的详情。

证券名称	全称	主营业务	最近一期每股收益及同业排名	最近一期财报的分红方案说明
方正证券				
万科 A				
贵州茅台				
恒瑞医药				
华谊兄弟				

4．比较我国沪深证券市场的最新情况。

指数	指数代码	昨收点位	昨日涨跌幅	昨日成交额
上证指数				
深证成指				
创业板指				

提示：（1）输入简拼查询上证指数，在界面中可以找到指数代码、昨收点位信息，如图7所示。

（2）点击 F5 切换到 K 线图模式，点击昨日 K 线，可以查询到昨日涨跌幅、成交额信息，如图 8 所示。

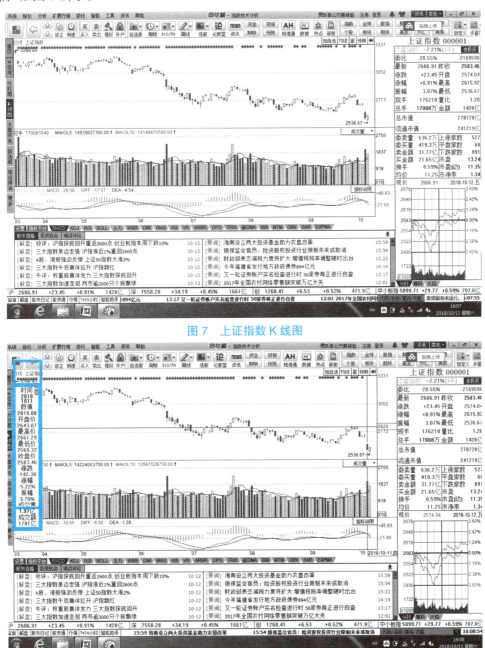

图 7　上证指数 K 线图

图 8　日 K 线基本信息

实训二　分时走势与盘口分析

实训目的

识别分时走势图的价格线与均价线及其表现形式，掌握盘口信息的含义。

能力训练任务

1. 完成分时图中买卖点的确定。
2. 完成分时图中价格线与均价线的识别与作用判断。
3. 通过观察盘口数据，分析判断个股的相关排名及涨跌。
* 建议本次实训由学生小组合作完成。

1. 图1为600155华创安阳的2021年5月17日的分时走势图，请分析：图中的两条线各是什么线，该股当天的股价走势如何？你认为在哪个时间点适合买入，用圆圈圈出并说明原因。

2. 图2为603833欧派家居的分时走势图，请分析该股当天分时走势中的两根线的特点，找到类似此分时走势的股票，并分析该种分时走势有何含义。

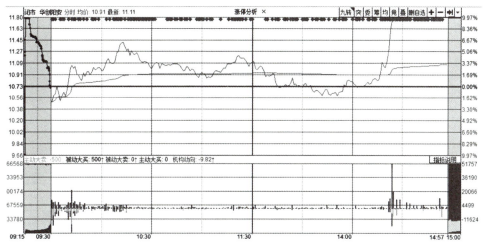

图 1　华创安阳分时走势图

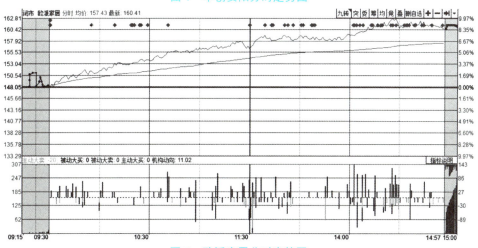

图 2　欧派家居分时走势图

3. 请根据图 3 的信息，填写下列内容。

根据信息，请问该股票昨收价为多少？	
流通值、流通股、最新价之间有什么关系？	
该股票的涨跌幅限制为多少百分比？	
该股票振幅大不大？	
从该股票的量比来看，评价当日该股的成交量	

```
最新      160.75 开盘      148.00
涨跌      +12.70 最高      162.81
涨幅      +8.58% 最低      147.15
振幅      10.58% 量比        1.70
总手       33702 换手      0.56%
金额      5.31亿 换手(实)    2.28%
市盈(静)   46.94 市盈(动)    99.34
总市值    968.3亿 流通值     968.3亿
总股本    6.02亿 流通股      6.02亿
涨停      162.86 跌停       133.25
外盘       19980 内盘       13723
```

图 3　盘口数据

4．请任意查找一只股票，记录下列情况。

简称：		代码：		昨日收盘价：	
实时外盘：		实时内盘：		实时换手率：	
请结合内外盘的情况，你们认为该股票今日价格会不会上涨？					

5．请查询某一行业的五只股票的动态市盈率，并写出关于这些股票市盈率的分析。

股票名称	1.	2.	3.	4.	5.
市盈率值					
上述行业股票的市盈率高低排名分析					

实训三　股票交易操作

实训目的

通过同花顺行情软件进行模拟交易，掌握竞价成交原则与交易费用计算。

能力训练任务

1. 结合竞价成交原则，判断连续竞价阶段的有效出价范围、成交价格、成交数量。
2. 分析集合竞价的成交结果。
3. 计算交易费用。

* 建议本次实训由学生小组合作完成。

1. 股票的竞价原则是＿＿＿＿＿＿＿＿＿＿＿＿＿＿＿＿＿＿＿＿＿＿＿＿＿＿。

2. 某股票即时揭示的卖出申报价格和数量及买入申报价格和数量如表1所示。

若此时该股票有一笔卖出申报进入交易系统，价格为15.32元，数量为1600股，如何成交？请填在空白表格中。

表1　买卖申报

买卖方向	价格（元）	数量（股）
卖出申报	15.37	1000
	15.36	800
	15.35	100
买入申报	15.34	500
	15.33	1000
	15.32	800

成交价格	成交数量（股）
15.37	1.
15.36	2.
15.35	3.
15.34	4.
15.33	5.
15.32	6.

3．针对图1的股票，假设买盘卖盘的数据不变动，请回答下列问题。

（1）你的有效出价范围是每股＿＿＿元至＿＿＿元。

（2）你想买入500股的话，出价＿＿＿元／股会最快成交。

（3）你输入了上一小题的价格后，最终会以多少价格和数量成交？价格＿＿＿元，数量＿＿＿股。

4．某股票当日在集合竞价时买卖申报价格和数量如图2所示，该股票上个交易日收盘价为10.13元。该股票在上海证券交易所上市，当日开盘价和成交量分别是多少？

卓胜微 300782 ●✿

委比	-25.87%	-30
卖5	354.64	1
盘4	354.60	17
盘3	354.59	33
盘2	354.58	16
1	354.57	6
买1	354.56	21
盘2	354.52	5
盘3	354.50	6
盘4	354.10	7
5	354.09	4

在买盘354.00位置有 31手 买单！ 查看详细

最新	354.57	开盘	343.11
涨跌	+9.77	最高	359.83
涨幅	+2.83%	最低	341.99
振幅	5.17%	量比	1.18
总手	18257	换手	7.30%
金额	6.41亿	换手(实)	7.30%
市盈(静)	218.4	市盈(动)	116.0
总市值	354.6亿	流通值	88.64亿
涨停	379.28	跌停	310.32
外盘	8565	内盘	9692

图1 卓胜微盘口信息

买入数量（手）	价格（元）	卖出数量（手）
-	10.50	100
-	10.40	200
100	10.30	600
200	10.20	200
200	10.10	200
300	10.00	100
500	9.90	-
600	9.80	-
300	9.70	-

图2 集合竞价申报情况

交易所	开盘价格	成交数量
上交所	1.	2.

5．小林在9月2日买入600519贵州茅台200股，成交价为1130元，9月18日卖出全部，成交价为1150元。假设证券经纪商对股票交易的佣金收费为成交金额的万分之三，则卖出股票后的盈亏为多少？请计算下列相关费用。（过户费上交所A股为每1000股0.6

元，深交所不单独收取。印花税为千分之一）

项目	金额
买入股票的佣金	1.
买入股票的过户费	2.
卖出股票的佣金	3.
卖出股票的过户费	4.
卖出股票的印花税	5.
买卖股票的资本利得（不含费用）	6.
总盈亏	7.

实训四　主要经济指标的查询与分析

实训目的

通过查找影响股市行情的宏观经济数据，能够综合判断宏观经济走向对股市的整体影响。

能力训练任务

1. 能够多种途径查找相关经济数据。
2. 对经济数据的变动进行分析，判断对股市的影响。
3. 能够手动绘制数据变动图表。
* 建议本次实训第 1 题学生单独完成，2 ～ 4 题由小组成员共同完成。

1. 如图 1，请打开东方财富网官方网站（http：//www.eastmoney.com），进入"数据中心"→"经济数据"→"中国经济数据"（见图 2，图 3）。

图 1　东方财富网主页

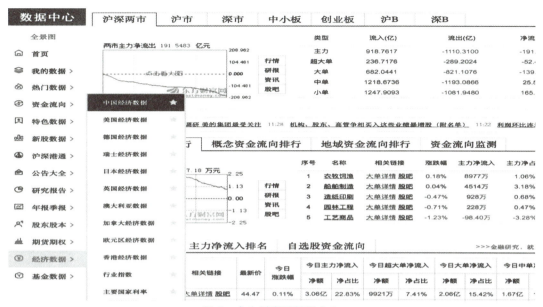

图2　东方财富网数据中心

图3　我国经济数据查询界面

2. 利用各种媒体,收集上年度主要宏观经济变量值完成下表,并对其进行分析与研判。

提示:

请查询国家统计局网站→数据查询→年度数据;

中国人民银行网站→调查统计→统计数据→货币统计概览;

国家外汇管理局→统计数据。

指标类别	具体指标	年份
		2018 年
国民经济总体指标	国内生产总值	1.
	工业增加值	2.
	失业率	3.
	通货膨胀率	4.
	进出口总额	5.
投资指标	全社会固定资产投资总额	6.
	实际利用外资总额	7.
消费指标	社会消费品零售总额	8.
	城乡居民储蓄存款余额	9.
金融指标	货币供应量	10.
	利率	11.
	汇率	12.
	外汇储备	13.
财政指标	财政收入	14.
	财政支出	15.
	赤字或结余	16.

3. 请搜集以下指定数据，并自学两种经济指标，完成下表。

经济数据	数值（最新）	变动方向	对股市影响	分析造成上述影响的原因
GDP	450933 亿元（2019 年第 1 ~ 2 季度）	同比增长 6.3%	利空	增长速度下降
CPI				
利率				
汇率				

注意：对股市影响填写利好、利空、中性。本题无唯一正确答案，注重原因阐述。

4. 完成以下任务：

（1）上网查询获得近5年内我国GDP年增长率（％）数据，对比上证指数年增长率（本年末收盘点位比上一年收盘点位的增长率），填写下表。

年份	年	年	年	年	年
GDP 增长率					
上证指数增长率					

（2）请画出我国GDP增长率与上证指数增速对比图。

（3）以此图为依据，对近年来上证指数走势进行点评与研判。

实训五　行业分析

实训目的

通过对主要行业的属性分析，判断所投资行业的经济周期影响、生命周期影响以及热点板块的持续性。

能力训练任务

1. 熟悉不同经济周期阶段可投资行业的龙头股票。
2. 能够追踪实时热点板块，并理解热点板块背后的成因，判断其可持续性。
3. 通过选读各行业研报，获取有效信息，并选出有投资价值的行业及个股。

* 建议由小组成员共同完成。

---

1. 请找出图1中相关行业的代表性个股三只，在表中填入其名称。

行业轮动与股市和经济周期的关系

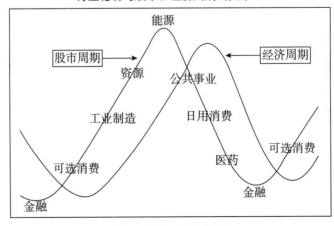

图 1　经济周期与行业

经济周期	可投资行业	个股1	个股2	个股3
萧条期	金融			
复苏期	可选消费			
复苏期	工业制造			
繁荣期	资源			
繁荣期	能源			
衰退期	公共事业			
衰退期	日用消费			
萧条期	医药			

2. 利用同花顺软件，查找板块，记录今天的热点前三板块，整理，并选出龙头股两只。

提示：通常龙头股为排序前面，涨幅最大，涨停最快个股，例如拓尔思为融媒体板块龙头股。可通过多日观察，筛选出哪些板块成为持续性热点（见图2）。

	名称	涨幅%∨	涨速%	主力净量	主力净流入	量比	涨家数	跌家数	5日涨幅	10日涨幅	20日涨幅	总量	总金额	总市
1	融媒体	+3.40%	-0.01	1.24	4295.12万	2.03	4	1	+3.44%	+0.19%	+3.99%	74.85万	6.03亿	402.8
2	语音技术	+3.01%	-0.03	2.66	1.28亿	1.25	3	2	+3.40%	+0.66%	+7.38%	224.59万	43.29亿	1438.
3	可燃冰	+2.36%	0.04	0.11	1.71亿	1.65	13	1	+4.66%	+0.95%	+2.60%	331.37万	22.10亿	1.94
4	电子发票	+2.15%	0.04	0.64	1.42亿	1.12	5	3	+3.43%	+0.28%	+3.77%	119.23万	22.34亿	1269.
5	两桶油改革	+2.08%	0.15	0.10	1.38亿	1.76	10	0	+3.41%	-0.23%	+0.12%	258.18万	13.81亿	1.98
6	丙烯酸	+2.03%	0.29	0.13	925.17万	1.91	2	0	+4.67%	-0.66%	-1.92%	20.89万	2.55亿	214.
7	沪伦通概念	+1.98%	0.05	0.74	1.06亿	2.27	1	0	-1.60%	-3.30%	-5.75%	105.30万	19.81亿	1726.
8	水泥	+1.96%	0.08	0.54	2.53亿	2.17	21	1	+5.24%	+1.05%	+1.31%	561.98万	70.37亿	4784.
9	知识产权保护	+1.89%	0.04	3.82	2.96亿	1.60	25	8	+4.62%	+0.58%	+4.06%	815.04万	78.70亿	2573.
10	天然气	+1.83%	0.07	0.23	4.24亿	1.95	78	15	+3.94%	+0.33%	+1.85%	1663.07万	124.61亿	2.64
11	期货概念	+1.77%	0.02	0.41	7.97亿	1.62	45	5	+1.19%	-3.06%	-1.14%	1231.82万	152.44亿	1.39
12	油品改革	+1.70%	0.05	0.17	2.59亿	1.93	24	0	+2.74%	-1.85%	-0.26%	560.12万	27.18亿	2.07
13	燃料乙醇	+1.66%	-0.03	0.24	1825.95万	1.01	5	1	+4.06%	+1.15%	+0.07%	109.28万	8.42亿	865.
14	地下管网	+1.61%	0.05	0.11	1.71亿	1.70	29	5	+4.38%	+0.63%	+1.92%	525.88万	44.37亿	5602.

融媒体板块个股共有5只。

	代码	名称	涨幅%∨	现价	主力净量	主力净流入	涨跌	涨速%	总量	换手%	振幅%	量比	现量	开盘	昨收
1	300229	拓尔思	+8.78%	13.25	0.73	4348.87万	1.07	0.23	15.10万	3.25	10.51	3.83	4935↑	12.20	12.18
2	000607	华媒控股	+5.61%	5.08	0.40	1822.03万	0.27	-0.20	27.15万	3.07	9.36	1.84	2579↑	4.84	4.81
3	600603	浙数文化	+2.48%	9.08	0.04	466.40万	0.22	0.00	14.07万	1.09	3.95	1.88	1250↑	8.96	8.86
4	601949	中国出版	+0.46%	6.60	-0.12	-304.69万	0.03	0.30	13.51万	3.37	3.35	1.85	1260↓	6.63	6.57
5	600288	大恒科技	-0.35%	11.30	-0.00	-2.72万	-0.04	0.00	5.01万	1.15	2.12	1.49	971↑	11.34	11.34

图2 同花顺软件热点板块排行

时间	板块	龙头1	龙头2

3. 请在东方财富网中搜索安防设备行业相关信息，给出对行业的简短评价，筛选出合适的一只个股加以关注（见图3，图4）。

图3　东方财富网

图4　东方财富网行业板块

行业评价：	个股1入选理由：

4．在东方财富网上查找证券公司行业研报，如 2019 年 10 月 13 日的中泰证券钢铁行业周报，选择目前存在较大投资价值的行业（见图 5）。

图 5　东方财富网行业研报

选出行业：

理由：

实训六　公司分析

实训目的

通过对公司基本情况、财务情况进行分析，了解公司基本面。

能力训练任务

1. 记录 F10 个股的详细信息，并作简要评价。
2. 对"恒瑞医药股"个股的三年财务比率进行计算并分析。
3. 能够根据一定的财务指标要求快速筛选出个股。
* 建议由小组成员共同完成。

1. 请打开同花顺个股资料（F10），对个股恒瑞医药公司的基本情况进行分析，进行记录：

（1）该公司的静态市盈率为（　　　），动态市盈率为（　　　），你认为市盈率偏高，偏低，还是正常（　　　）；

（2）该公司的主要经营业务为（　　　），最赚钱的业务为（　　　），去年的营业收入为（　　　），净利润为（　　　），净利润增长率为（　　　），你认为该公司的盈利能力为优秀，良好，一般还是较差（　　　）；

（3）该公司的总股本为（　　　），流通股本为（　　　），总市值为（　　　），你认为它属于小盘股，中盘股还是大盘股（　　　）；

（4）该公司近期是否有解禁：（　　　），你认为对股价影响大吗？（　　　）；

（5）该公司的实际控制人和董事是（　　　），持股比例为（　　　）；

（6）该股涉及的前三概念有（　　　）、（　　　）、（　　　）。

2．对恒瑞医药公司近三年的财务情况进行分析。

成长能力指标			
净利润（万元）			
净利润增长率%			
营业收入（万元）			
营业收入增长率%			
主营业务利润率%			
总资产增长率%			
每股指标			
基本每股收益（元）			
每股净资产（元）			
每股资本公积金（元）			
每股未分配利润（元）			
每股经营现金流（元）			
盈利能力指标			
净资产收益率%			
基本每股收益（元）			
销售毛利率%			
销售净利率%			
营业利润率%			
经营能力指标			
营业周期（天）			
存货周转率（次）			
存货周转天数（天）			
应收账款周转天数（天）			
偿债能力指标			
资产负债率%			

续表

流动比率%			
速动比率%			
产权比率%			
营运资本（万元）			

    （1）成长能力指标评价：＿＿＿＿＿＿＿＿＿＿＿＿＿＿＿＿＿＿＿

    （2）每股指标评价：＿＿＿＿＿＿＿＿＿＿＿＿＿＿＿＿＿＿＿＿＿

    （3）盈利能力指标评价：＿＿＿＿＿＿＿＿＿＿＿＿＿＿＿＿＿＿＿

    （4）经营能力指标评价：＿＿＿＿＿＿＿＿＿＿＿＿＿＿＿＿＿＿＿

    （5）偿债能力指标评价：＿＿＿＿＿＿＿＿＿＿＿＿＿＿＿＿＿＿＿

    3. 著名股票投资人巴菲特对 ROE 指标非常看重，他在 1979 年致股东的信中已谈道："我们判断一家企业经营好坏的主要依据，取决于公司的净资产收益率（排除不当的财务杠杆或会计做账）。"另外，巴菲特还在公开场合谈道："我所选择的企业，都是那些净资产收益率超过 20% 的好企业。"

    请尝试用问财选股找出连续三年 ROE 保持 20% 以上的企业，并保存加入新建板块并截图。

实训七　K线与K线组合分析

实训目的

识别K线与K线组合，通过分析K线及其组合判断个股走势。

能力训练任务

1. 认知不同的K线名称。
2. 完成K线与分时走势的对应关系辨认。
3. 寻找个股中的K线组合，分析其对走势的影响。

* 建议本次实训由学生小组合作完成。

---

1. 请按从左到右的顺序列出图1中黑色箭头处的K线名称。

图1　蓝晓科技 300487

序号	K 线名称	序号	K 线名称
1		5	
2		6	
3		7	
4		8	

2．如图 2 所示，请按要求画出 K 线或走势，用白色表示阳线，黑色表示阴线，价位可以不标。

（1）请根据走势画 K 线。画线方法：插入→形状→方框或线条。

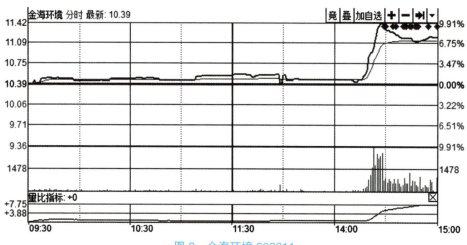

图 2　金海环境 603311

（2）请根据 K 线画可能的分时走势。画线方法：插入形状→波浪线。

开盘　　　　　　　　　　　　　　　　　　　　　　　　　　　　　　收盘

3. 请查找相关 K 线组合的信息。

K 线组合	股票及代码	日期范围	K 线截图
早晨之星			
红三兵			
三只乌鸦			
黄昏之星			

4. 请辨别下列 K 线组合的名称及含义。

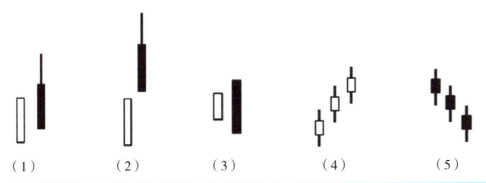

（1）　　　（2）　　　（3）　　　（4）　　　（5）

序号	K 线组合名称	含义
（1）		
（2）		
（3）		
（4）		
（5）		

实训八　趋势分析

实训目的

　　辨别趋势类别，掌握个股与指数趋势线与轨道线的绘制方法，运用突破与轨道测距方法分析个股走势。

能力训练任务

　　1. 认知趋势线与趋势方向。

　　2. 认知轨道线、突破与测距方法。

　　3. 判断个股的预期涨跌。

　　* 建议本次实训由学生小组合作完成。

　　1. 图1为600096云天化的日K线图，请根据K线图画出至少两段趋势线，并回答下面的问题。股价从图中8.32元/股到4.98元/股的区间的趋势方向为_____方向，按期间来看，这段趋势是属于_____趋势。在图中4.98元/股之后，趋势方向为_____方向。

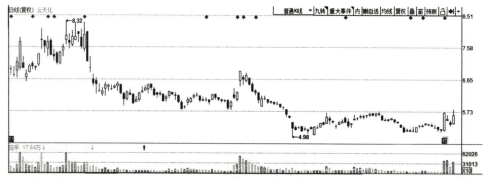

图1　云天化日K线图

2. 图 2 为 300007 汉威科技的日 K 线图，请根据 K 线画出近期的轨道线，并分析趋势方向有无发生变化。

图 2　汉威科技日 K 线图

3. 图 3 为 000150 宜华健康的日 K 线图，图中用阴影标出的两个轨道之后是否均形成了真突破？为什么？第二次突破之后趋势方向转变为向上趋势，且形成了主升浪的走势，上涨势头迅猛。请根据轨道突破后拉升的原理，寻找当前市场上走势与宜华健康上涨前类似，且后续有潜力拉升主升浪的个股，截取 K 线图并分析此类股票上涨的原因。

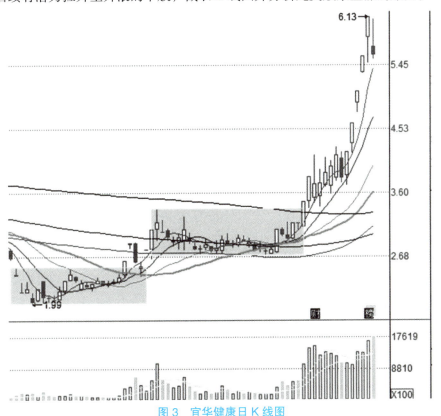

图 3　宜华健康日 K 线图

4．图 4 为 000151 中成股份 2020 年 11 月至 2021 年 2 月的日 K 线图，请结合趋势理论分析截至图中最新时间，该股票趋势有没有突破。假如后续形成突破，结合轨道测距原理，你认为后续至少可以涨至多少价位左右？

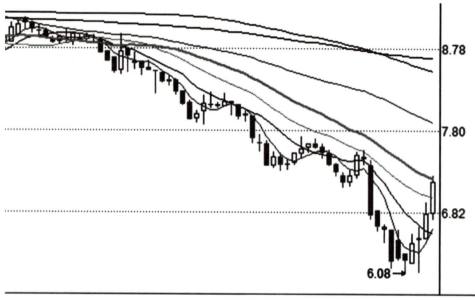

图 4　中成股份日 K 线图

5．选择一只你们交易操作过的股票，画出趋势线和轨道线，分析该股票过去走势并对预期走势进行判断。

股票代码：

股票名称：

过去走势判断：

未来走势预测：

趋势线与轨道线图：

实训九   量价分析

实训目的

通过分析分时图量价关系及 K 线图量价关系，判断股价走势。

能力训练任务

1. 完成分时走势图中分时量变动判断。
2. 寻找并记录 K 线图中不同的量价关系。
3. 结合量价关系，分析股价走势。

* 建议本次实训由学生小组合作完成。

---

1. 图 1 为 605299 舒华体育的分时走势图，从分时走势图可以看出分时成交量有什么变动趋势？

最大量出现的时间段：

分时量变动趋势及特点：

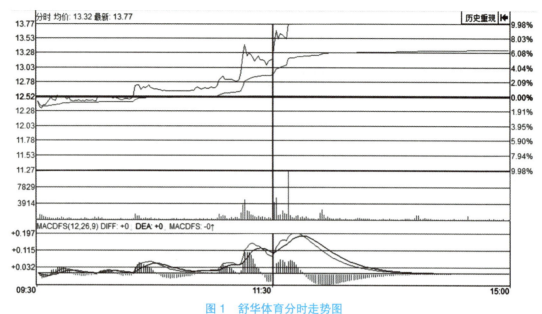

图 1　舒华体育分时走势图

2. 图 2 为 605299 舒华体育的日 K 线图，用横线及序号标出图中量升价平、量缩价跌、量增价涨、天价天量之处，并分析出现这些量价关系的后续走势。

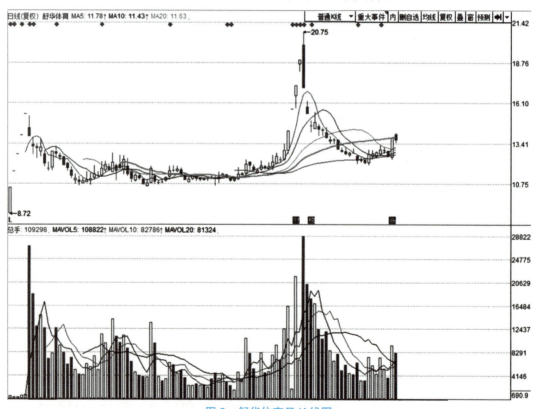

图 2　舒华体育日 K 线图

3．请任选一只股票，标明它量增价涨的阶段，截图并说明后续走势是否与预期一致。

4．在图 2 605299 舒华体育的日 K 线图中，我们可以找到股价经历上涨后，回调到起涨低点附近，走势出现横向运行企稳，量能极度萎缩的波段吗？请在量价图中标明。分析讨论这种情况出现之后，后续会产生如何的走势。

5．请任选一只股票，标明它回调至前期起涨低点，走势开始横向企稳，量能极度萎缩的案例，并论证走势是否与预期一致。

实训十 形态分析

通过分析分时图量价关系及 K 线图量价关系，判断股价走势。

能力训练任务

1. 认知不同的形态名称。

2. 查找个股 K 线图中的特定形态。

3. 结合个股形态分析，判断后期股价走势。

* 建议本次实训由学生小组合作完成。

1. 图 1 和图 2 为两只股票的日 K 线图，请辨认为哪种反转形态，标出其主要构成部分，分析预测股价未来走势及出现形态后的操作方法。

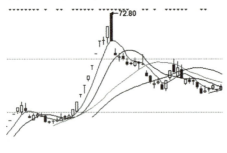

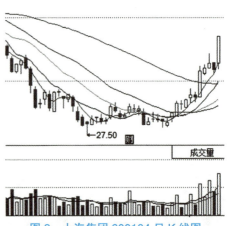

图 1　宏川智慧 002930 日 K 线图

图 2　上汽集团 600104 日 K 线图

2．请任选一只股票，找出头肩顶、头肩底、双重顶或双重底形态。

形态截图：
股票名称：   形态名称：   形态发生时间段：   后续涨跌情况是否与形态理论一致：

范例：双重底形态：

（1）打开行情软件，点开个股 K 线图，用鼠标滚动切换股票，关注个股股价的高位与低位。

（2）找到图 3 汤臣倍健 300146 的日 K 线图，在方框处可以找到双重底形态，记录形态时间段。

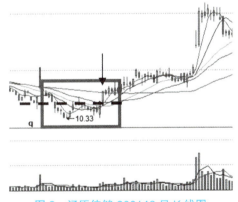

图 3　汤臣倍健 300146 日 K 线图

（3）分析：出现双重底的同时，成交量也有突破，在黑色箭头处突破确认，股价之后继续上涨，这与形态理论一致。

（4）形态截图可以使用开始菜单附件中的截图工具，或者使用功能键 prt sc，或者使用其他软件中的截图工具。

3．请任选一只股票，找出圆弧形态、喇叭形形态或 V 形反转形态。

形态截图：

股票名称：

形态名称：

形态发生时间段：

后续涨跌情况是否与形态理论一致：

4．请任选一只股票，找出三角形形态（对称、上升或下降的三角形）、矩形形态、旗形或楔形形态。

形态截图：

股票名称：

形态名称：

形态发生时间段：

后续涨跌情况是否与形态理论一致：

5．请任选一只股票，找出缺口。

缺口截图：

股票名称：

发生时间段：

缺口的种类：

6. 请任选一只股票，找出 V 形反转。

形态截图：

股票名称：

发生时间段：

涨跌情况：

实训十一　技术指标分析

实训目的

通过股票交易软件，分析个股均线、MACD、KDJ 和 BOLL 线，预判行情。

能力训练任务

1. 能够进行指标界面变更、修改参数等相应操作。

2. 灵活分析案例情况，综合各个指标优缺点。

* 建议由小组成员各自完成。

1. 股民老王炒了多年的股，但是一打开 K 线图就不知如何下手，于是他向作为投资顾问的你请教：K 线图上五颜六色的线是什么？怎么看？他刚买入一只个股，让你帮他分析。该股走势如图 1 所示。

图 1　福耀玻璃日 K 线图

老王觉得自己的股票虽然涨得还不错，小赚了一点，但是涨了很多天了，股价较高，

206

很是担心，请你给出你的看法。

2. 经你介绍，老王觉得均线的作用很大，他想进一步学习，请向其介绍格兰维尔八大法则，结合老王个股福耀玻璃的前期走势，帮他在图 2 中标明 8 个买卖点。

图 2 福耀玻璃日 K 线图

3. 图 3 是一只个股的股价日 K 线图和 MACD 图，请在 MACD 图上标出你认为比较可靠的买点和卖点。

图 3 个股日 K 线图与 MACD 指标

4. 请根据图 4 的 KDJ 指标，说说你会如何操作这只个股。

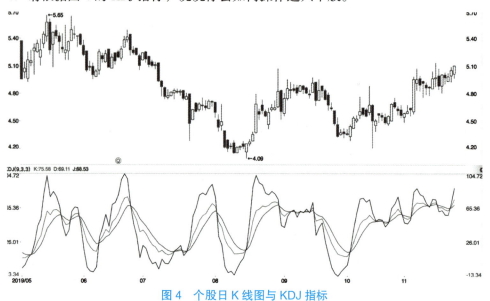

图 4　个股日 K 线图与 KDJ 指标

5. 请根据图 5 的 BOLL 线，说说该股接下来大概率的走势。

图 5　个股日 K 线图与 BOLL 线指标

实训十二　选股策略

实训目的

结合自身交易风格和已学分析方法，以个人或者小组形式制定选股策略。

能力训练任务

1. 确立交易风格。
2. 制定选股策略。

* 建议由小组成员各自完成。

---

1. 根据以下问题确立自己的交易方式和交易风格，填"是"或"否"，可小组成员之间相互评定。

※ 你觉得自己需要多久交易一次？ （　　）

※ 你最喜欢哪种时间结构？ （　　）

※ 你是否比较喜欢顺着趋势发展方向进行交易？ （　　）

※ 你是否喜欢针对突破走势进行交易？ （　　）

※ 你是否喜欢反向思考，永远都想捕捉趋势反转的机会？ （　　）

※ 你的交易心态是否很积极？或明显讨厌风险？ （　　）

※ 你是否愿意持有隔夜部位？ （　　）

※ 你是否能够接受走势沉闷的市场或股票？或只能接受快速变动的走势？ （　　）

※ 你是否很敏感、容易紧张，或者神经质？ （　　）

※ 你是否能够听任一笔交易自然发展？ （　　）

※ 你是否很在意每次价格跳动？ （　　）

※ 你可以处理规模多大的资金？   （   ）

※ 你是否想靠交易为生？或只是为了好玩，顺便赚些钱？   （   ）

※ 你知道如何处理亏损吗？   （   ）

※ 你允许自己的判断错误的频率有多高？   （   ）

※ 你的账户净值允许出现多少百分率的亏损？   （   ）

※ 你的每笔交易可以容忍多少亏损？   （   ）

【交易方式】：   （填短线、中线、长线）

【交易风格】：   （填激进型、稳健型、保守型、混合型）

2. 根据小组讨论，结合目前所学的基本面和技术面知识，初步制定适合自身的交易策略。

基本面筛选条件： （至少 3 条）	
技术面筛选条件：	
风险报酬比预期：	
资金管理策略：	
止损触发条件：	

3. 通过以上选股策略，执行选股，并做交易记录。

交易标的		
建仓日期		
仓位占比		
加仓日期		
减仓日期		
止损点位		
平仓日期		
最终盈亏比例		

4．经验总结，策略须改进之处（200～300字）。

实训十三

做 T 策略

实训目的

通过练习增加顺向"T+0"和逆向"T+0"操作经验。

能力训练任务

1. 至少各完成一次顺向"T+0"和逆向"T+0"，并记录。

2. 对失败操作进行原因分析。

* 建议本次实训由学生在合适时机完成。

1. 请完成一次顺向"T+0"操作并记录相应信息。

股票名称	
代码	
第一次买入时间	
第一次买入成本	
第一次买入数量	
第二次追加买入时间	
第二次追加买入成本	
第二次追加买入数量	
第一次卖出时间	

第一次卖出成本	
第一次卖出数量	
做 T 盈利	

2. 请完成一次逆向"T+0"操作并记录相应信息。

股票名称	
代码	
第一次买入时间	
第一次买入成本	
第一次买入数量	
第一次卖出时间	
第一次卖出成本	
第一次卖出数量	
第二次买回时间	
第二次买回成本	
第二次买回数量	
做 T 盈利	

3. 请对以上两次做 T 失败的原因进行分析（100～200字）。

实训十四　追击涨停股

实训目的

结合 K 线图特征和分时图操作点追击涨停股。

能力训练任务

1. 操作五位一体看盘追击涨停方法。
2. 能够提前根据 K 线图选择最有可能冲击涨停个股，进行买卖操作并记录。
* 建议由小组成员各自选择合适时机完成。

请大家根据以下操作方式模拟盘尝试操作，截图显示买卖点，之后思考是否可以改进方法，写不少于 300 字的心得体会。

1. 盘中追击涨停。

（1）五位一体看盘。所谓五位一体的短线看盘技巧，就是将涨幅放在首位、将涨速放在次位、将量比放在更次位、将流通盘放在次末尾、将股价放在末尾的看盘方式（见图 1）。

（2）选股方式。首先关注涨幅在 5% 左右的个股，它们有强烈的涨停欲望，且容易被市场封住涨停板；如果涨速开始提升，则往往说明个股开始突破前期的沉闷行情，或是整理完毕后正被主力快速拉升，值得交易者进一步关注；如果此时个股的量比大于 1，则说明现在的成交量是过去 5 日内平均每分钟成交量的一倍以上，意味着现在的突破行情比较有力度；如果该股的流通盘在 5 亿股以内，且股价适中，那么该股就值得进行最后的确认工作了；当交易者点击该股进入其 K 线图时，若发现其 K 线图属于值得进行短线交易的 7 个形态之一（第 4、第 5 除外），那么即可考虑下单了（最好该股有板块效应做基础）。

排 ⚙	代码	名称	..	涨幅%	涨速%	量比⬇	流通盘	现价
1 ◇	600311	荣华实业		+9.95	+0.00	14.48	6.66亿	6.19
2 ◇	002422	科伦药业		+4.72	-0.21	2.83	10.29亿	24.20
3 ◇	000418	小天鹅A	—	+6.65	+0.91	2.19	4.39亿	59.78
4 ◇	000858	五 粮 液	—	+3.75	+0.04	1.76	37.96亿	67.75
5 ◇	000513	丽珠集团	—	+4.64	-0.38	1.70	3.48亿	65.00
6 ◇	600809	山西汾酒	—	+6.57	-0.33	1.68	8.66亿	51.90
7 ◇	000799	酒鬼酒		+2.42	-0.29	1.63	2.24亿	27.56
8 ◇	600559	老白干酒	—	+1.83	+0.06	1.61	3.50亿	31.17
9 ◇	002038	双鹭药业	—	-6.84	-0.29	1.58	5.66亿	37.32
10 ◇	603369	今世缘	—	+0.70	-0.21	1.54	12.55亿	14.33
11 ◇	600660	福耀玻璃	—	+0.64	-0.11	1.53	20.03亿	26.66
12 ◇	600196	复星医药	—	+3.42	-0.20	1.46	19.10亿	39.56
13 ◇	000661	长春高新	—	+3.96	-0.24	1.44	1.70亿	173.29

图 1　五位一体看图界面

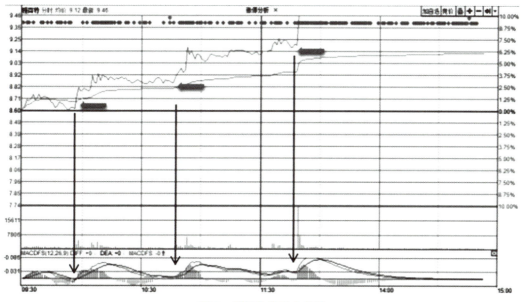

图 2　雅百特分时走势图

（3）买入时机。图 2 中，雅百特（002323）经过三次平台整理后冲击涨停，每一次平台整理后的低点均是良好的买入时机，可参考其 MACDFS 零轴以上的金叉买入。当然，前两个金叉处还较难判断该股是否会冲击涨停。

图 3 中，云南城投（002053）在早盘快速拉升下封住涨停，该股的买入时机理论上越早越好，但在实际中较难把握。

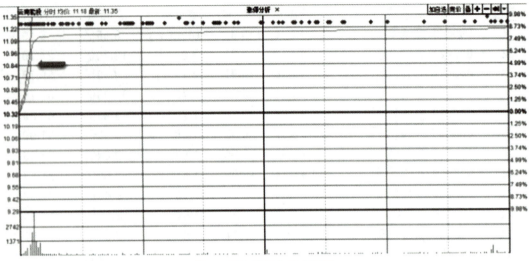

图3　云南城投分时走势图

2. 提前复盘寻找以下类型的潜在涨停个股。

（1）突破整理平台，创新高个股。请截取 K 线图，标注你的分时买卖点，以实际模拟盘操作记录为主。

（2）股价刚好突破有效阻力位。请截取 K 线图，标注你的分时买卖点，以实际模拟盘操作记录为主。

（3）股价运行到箱体底部。请截取 K 线图，标注你的分时买卖点，以实际模拟盘操作记录为主。

（4）下降趋势中，超跌反弹。请截取 K 线图，标注你的分时买卖点，以实际模拟盘操作记录为主。

实训十五 资金管理策略

实训目的

通过一定方法计算报酬/风险比，制定资金管理策略，并登记后评价。

能力训练任务

1. 分配仓位资金，制定仓位管理计划，并计算报酬/风险比。
2. 对本小组的资金管理策略进行说明。
3. 评价其他小组的资金管理策略。

* 建议本次实训由学生小组合作完成。

---

1. 请根据你们小组即将进行的交易资金管理情况来做交易资金的管理策略（不少于 300 字）。

持仓个股	建仓：资金分配金额	占总资金比例(%)	加仓方式	报酬/风险比

2. 请简要论述你所做的资金管理策略的理由。

3. 请选择其他任一小组的资金管理策略进行登记并进行评价。（不少于 300 字）

持仓个股	建仓：资金分配金额	占总资金比例（％）	加仓方式	报酬 / 风险比

实训十六　股指期货操作

实训目的

通过期货交易软件了解股指期货交易。

能力训练任务

1. 进行赢顺云期货交易软件的安装，并完成行情解读信息填写。
2. 进行股指期货的模拟操作。

* 建议由小组成员各自完成。

1. 请自行安装赢顺云期货交易软件，打开软件，选择"期货"→"中金所"（中国金融期货交易所），如图 1 所示。

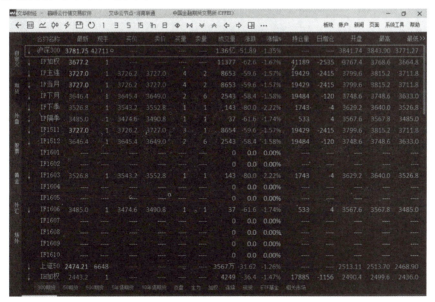

图 1　股指期货行情界面

2. 登录文华财经官网（http：//www.wenhua.com.cn/index.asp），注册模拟账号（见图2，图3）。

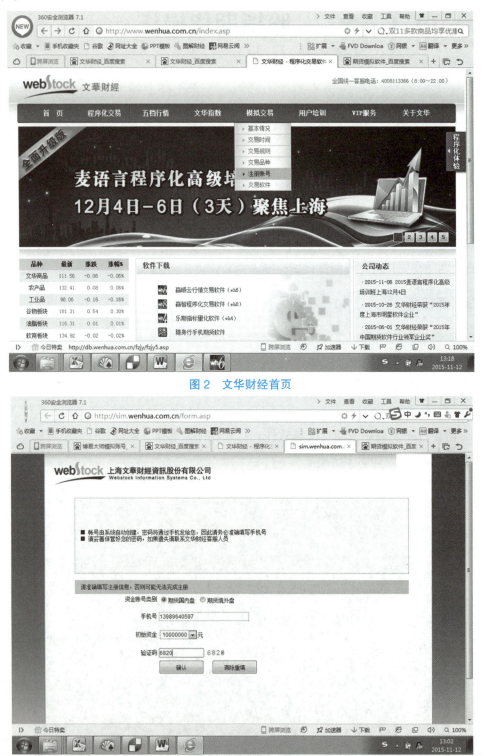

图2 文华财经首页

图3 注册信息填写

3．看盘和操作（见表 1）。

表 1　中国金融期货交易所交易的股指期货品种信息

合约名称	合约标的	合约乘数	报价单位	最小变动价位	合约月份	交易时间	最后交易日交易时间	每日价格最大波幅	最低交易保证金	最后交易日	交割日期
沪深300指数期货 IF	沪深300指数	每点300元	指数点	0.2点	当月、下月及随后两个季月	9:15–11:30 13:00–15:15	9:15–11:30 13:00–15:00	上一个交易日结算价的 ±10%	合约价值的12%	合约到期月份的第三个周五，遇国家法定假日顺延	合约到期月份的第三个周五，遇国家法定假日顺延
上证50股指期货 IH	上证50指数	每点300元	指数点	0.2点	当月、下月及随后两个季月	9:15–11:30 13:00–15:15	9:15–11:30 13:00–15:00	上一个交易日结算价的 ±10%	合约价值的8%	合约到期月份的第三个周五，遇国家法定假日顺延	同最后交易日
中证500股指期货 IC	中证500指数	每点200元	指数点	0.2点	当月、下月及随后两个季月	9:15–11:30 13:00–15:15	9:15–11:30 13:00–15:00	上一个交易日结算价的 ±10%	合约价值的8%	合约到期月份的第三个周五，遇国家法定假日顺延	同最后交易日

（1）选择一个品种，记录合约及月份。

从行情列表中可见，当前正在交易的合约分别为哪几个月份到期的合约？_____

_____

（2）期指分时行情走势图。

进入合约_____（合约名称）即可进入该合约的行情走势图。该图显示的是月份期指合约在_____的行情分时走势图。

和股票分时图相似，期指分时图左边的图形显示了_____（白色）、_____（黄色）、_____（下部黄色柱状线），和股票不同的是还实时显示_____（下部白色线条）。

该期货的当前成交量为_____（填数值），当前持仓量为_____（填数值）。

（3）操作记录。

选择品种，右键下单（见图4）。

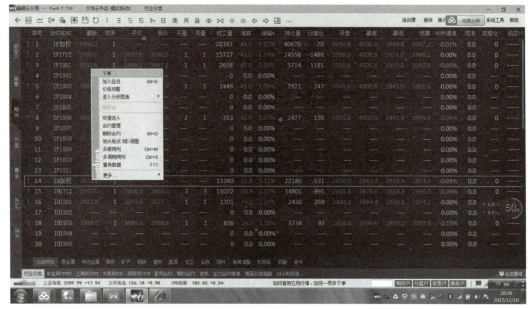

图4　期货下单入口

模拟账号登录（见图5）。

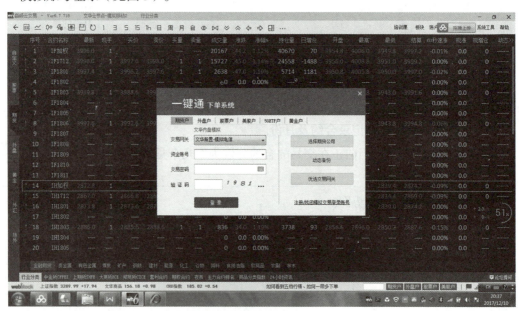

图5　下单系统登录界面

进入操作页面，进行10次股指期货操作，并将盈亏记录在表内（见图6）。

222

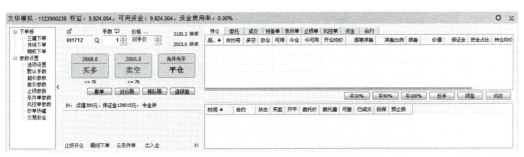

图 6　模拟交易界面

提示： 股指期货采用"T+0"交易制度，操作分为空头（卖出）和多头（买入）两种，简单来说，如果是看涨当前品种，则是多头，操作为买多→平仓，如果是看跌当前品种，操作为卖空→平仓。

期　货　交　易　记　录　表

交易合约	交易日期	买卖方向	买卖原因	买卖价位	平仓日期	平仓价位	平仓原因	总盈亏	盈亏分析

课后习题答案

项目一　证券基本认知

一、1. A　　　　　　　2. D　　　　　　　3. D
二、1. ABCD　　　　　2. BD　　　　　　　3. ABD
三、1. 错　　　　　　　2. 对　　　　　　　3. 对
四、略

项目二　证券交易

一、1. B　　　　　　　2. C　　　　　　　3. D
二、1. BC　　　　　　2. ABCD　　　　　3. AD
三、1. 对　　　　　　　2. 错　　　　　　　3. 对
四、略

项目三　证券投资基本面分析

一、1. C　　　　　　2. B　　　　　　3. B　　　　　　4. C
二、1. ABCD　　　　2. ABC　　　　3. BC　　　　　4. ABCD
三、1. 错　　　　　　2. 对　　　　　　3. 对　　　　　4. 对
四、略

项目四　证券投资技术分析

一、1. B　　2. C　　3. D　　4. C　　5. A　　6. D
二、1. ABD　2. ABCD　3. AC　　4. AC　　5. ABCD
三、1. 错　　2. 对　　3. 对　　4. 对　　5. 对
四、略

项目五　投资策略

一、1. D　　　　　　2. B　　　　　　3. C
二、1. ABCD　　　　2. ABCD　　　　3. ABD　　　　4. ABC
三、1. 错　　　　　　2. 错　　　　　　3. 对
四、略

参 考 文 献

［1］格雷厄姆.聪明的投资者［M］.王中华，黄一义，译.北京：人民邮电出版社，2010.

［2］郭永清.财务报表分析与股票估值［M］.北京：机械工业出版社，2017.

［3］黑马王子.伏击涨停［M］.北京：清华大学出版社，2014.

［4］康凯彬.量价实战分析快速入门［M］.北京：中国纺织出版社，2015.

［5］康建军，黄沧海.证券投资实务［M］.北京：高等教育出版社，2014.

［6］爱德华兹，迈吉，巴塞蒂.股市趋势技术分析［M］.万娟，郭烨，姚立倩，等译.北京：机械工业出版社，2017.

［7］文秋明.股票"T+0"操作策略［M］.深圳：海天出版社，2012.

［8］杨明.图解分时图［M］.北京：电子工业出版社，2018.

［9］中国证券业协会.证券投资分析［M］.北京：中国金融出版社，2012.

［10］中国证券业协会.金融市场基础知识［M］.北京：中国财经出版传媒集团，2020.